オレたちは「ガイジン部隊」なんかじゃない！

菊地高弘

インプレス

はじめに

きっかけはひとつの野次だった。

2012年7月26日、岩手県営野球場で岩手大会の閉会式が行われていた。優勝した盛岡大付のキャプテンがマイクを向けられ、インタビューに答えている。晴れ晴れしい笑顔で応じるキャプテンに向かって、スタンドからこんな声が飛んだ。

「よっ、横浜瀬谷ボーイズ！」

真夏のグラウンドが一瞬で凍りつくような、温もりのかけらもない一言を吐き捨てると、声の主はスタンドの出入り口へと消えていった。

盛岡大付のレギュラーは、9人中5人が神奈川県の強豪硬式クラブである横浜瀬谷ボーイズの出身だった。一方、相手の花巻東はベンチ入りした全員が岩手県出身という〝オール岩手〟の対照的な布陣である。

この日、盛岡大付と花巻東の決勝戦は全国的な注目を浴びていた。花巻東のエース・大谷翔平（現・エンゼルス）が準決勝の一関学院戦で最速160キロを計測。高校野球の歴史に新たな1ページを書き加える強烈な一球を投げた直後で、しかも甲子園切符のかかった大一番。県外からも多くのメディアが集まっており、東京から飛んできた私もその一人だった。

結果は盛岡大付が5対3で花巻東を下し、下馬評を覆す形で甲子園行きを決めた。盛岡大付の主砲・二橋大地（現・三菱日立パワーシステムズ）がレフトポール際に放った大飛球が本塁打と判定され、3得点が加わったことが決定打になった。160キロを投じた時代の寵児は、高校最後の夏に甲子園の土を踏むことなく敗れたのだった。

その2年前の東北大会で1年生だった大谷を初めて目撃して以来、この天才児に惚れ込み、追い続けてきた私にとってもショックは大きかった。

股関節の故障に苦しめられてきた大谷が、初めて万全な体調で甲子園に臨めるのではないか――。そんな期待はもろくも崩れ去った。試合後、三塁側ベンチには花巻東の選手たちの阿鼻叫喚が響いたが、私はその光景を呆然と眺めるしかなかった。

そんな魂の抜けた私を現世へと呼び戻したのが、「よっ、横浜瀬谷ボーイズ！」の野次だった。

はっきり言って花巻東に肩入れして試合を見ていた私にとっても、この野次は理解できなかった。盛岡大付は激戦の岩手大会を制した王者であり、これから岩手代表として甲子園に乗り込むのである。そんな晴れやかな場に、なぜ水を差すのか。

すでに野次を浴びせた中年男性はスタンドから姿を消していたが、ふつふつと怒りが湧いてきた。

高校野球界では、越境入学者を「野球留学生」と呼ぶ。口さがない者が「ガイジン部隊」と揶揄することも珍しくない。

毎年夏の甲子園の代表校が出揃うと、ベンチ入りメンバーの県外出身者の割合を調べ上げ、鬼の首を取ったように報じるメディアも現れる。「県外率」が高いチームほど、「ガイジン部隊」というわけだ。

高校野球は地域と密接した関係がある。夏の全国高校野球選手権大会は全国47都道府県（49地区）の大会を勝ち上がった代表校が甲子園球場に集結する。お盆の時期に全試合をテレビで生中継され、たとえ日頃は野球に関心の薄い層でも「今年の郷土の代表校はどこかな?」と気になるものだ。

だが、野球留学生の多いチームが代表校と知るや、その多くがトーンダウンする。「あぁ、あそこは県外から集めているから、勝って当然だよ」と言わんばかりに。

だが、本当にそうなのだろうか?

野球留学生はどのようなバックグラウンドを持ち、なぜその土地と高校を選び、親元を離れて過酷な寮生活を送ってきたのか。野球留学生を批判する人のなかに、そのことに思いを馳せてみた人がどれくらいいるのだろうか。

「ダイバーシティ(多様性)」という言葉が市民権を獲得した今、高校野球界にいまだ残る野球留学生に対する敵意は過去の遺物のように感じられてならない。

地元の冷ややかな視線や心ない声を浴びせられながら、奮闘する彼らはどのような日々を過ごしているのか。彼らは地元の高校生と何かが違うのか。私はその実態を伝えたいと思った。

高校野球界の嫌われ者・野球留学生――。その息遣いを感じる旅が始まった。

目次

Column

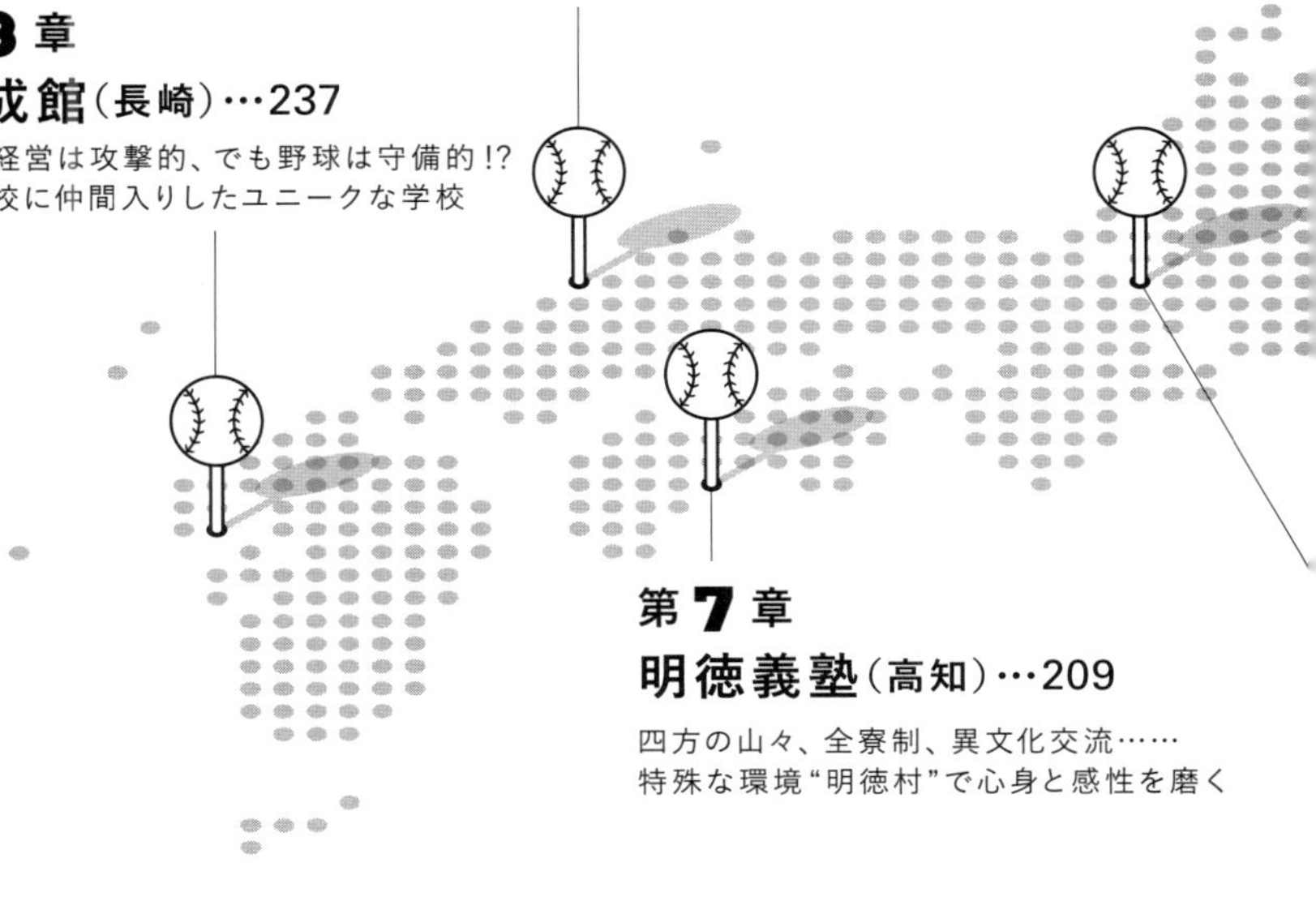

※本書は2020年3月現在の情報をもとに制作しています。
※本文中に登場する学年はすべて2019年度で統一しています。

第1章

八戸学院光星（青森）

坂本勇人も音をあげた“寒さ”と“虫”
野球に打ち込み深める仲間との絆

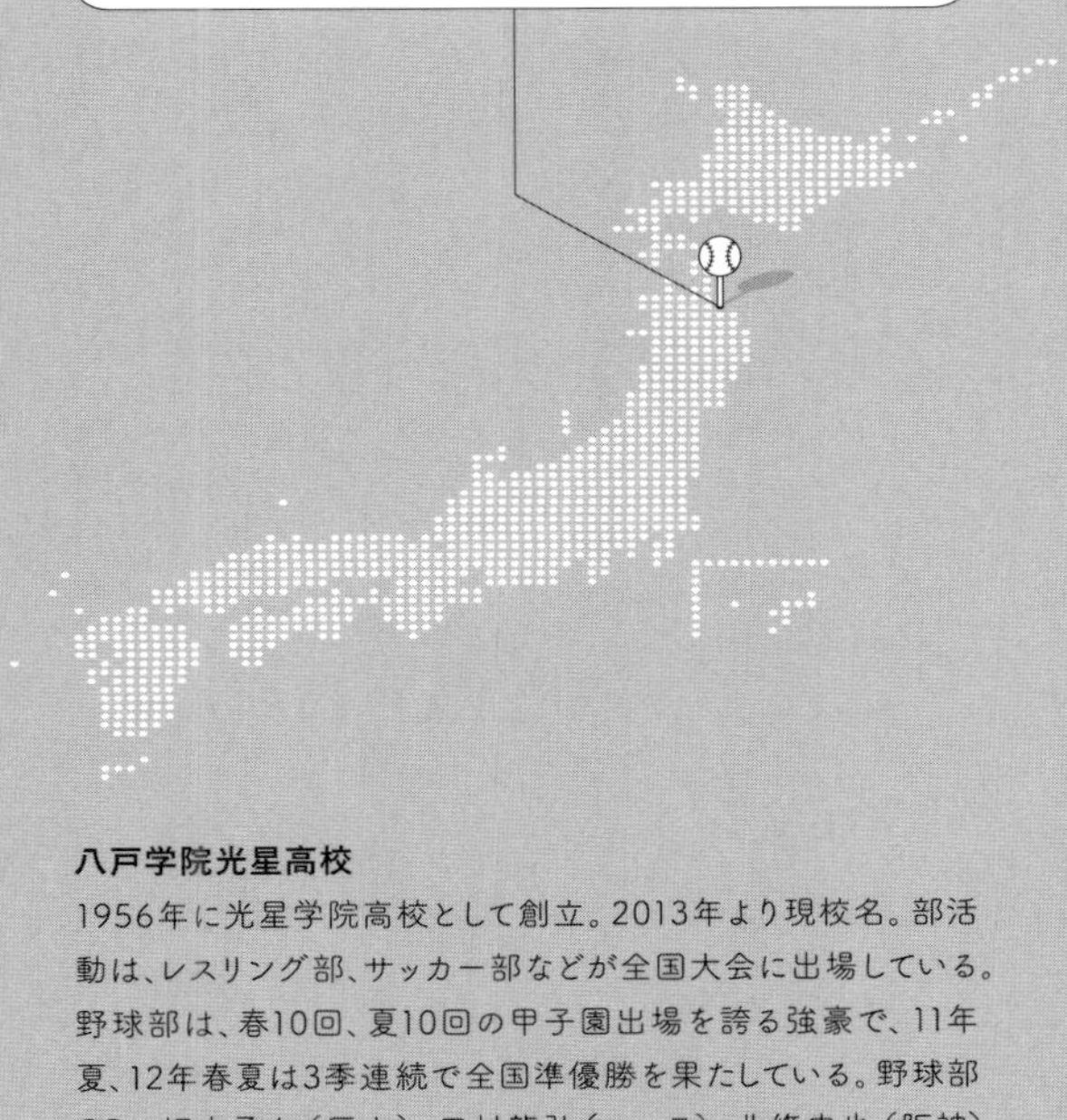

八戸学院光星高校

1956年に光星学院高校として創立。2013年より現校名。部活動は、レスリング部、サッカー部などが全国大会に出場している。野球部は、春10回、夏10回の甲子園出場を誇る強豪で、11年夏、12年春夏は3季連続で全国準優勝を果たしている。野球部OBに坂本勇人（巨人）、田村龍弘（ロッテ）、北條史也（阪神）、学校OBに小比類巻貴之（元・キックボクサー）などがいる。

—

学校所在地：青森県八戸市湊高台6-14-5

—

寮費：月56,400円

地元住民に一度も会ったことがない野球部員

「3年間で美保野の住民に会ったことがないんです。いや、ホントに」

あるOBからその話を聞いたときは、耳を疑った。

美保野とは、八戸学院光星の野球部グラウンドと寮がある青森県八戸市美保野町のことである。旧校名・光星学院時代に3年間を過ごしたそのOBは、地元の住民と接することはおろか、会話すらしたことがないというのだ。

どこまで閉じられた世界なのか……と思わずにはいられなかった。地域住民とまったく交わらない高校生活で、地元の共感が得られるのか。疑問が渦巻いた。

私は実際に美保野を訪ねてみることにした。八戸駅からレンタカーを借りて20分あまり走らせると、アップダウンの激しい坂道が連なる美保野町にたどり着く。そこで私は早くも認識を改めた。本当に人がいないのである。

周囲にあるものといえば資材置き場、工事用の重機、太陽光発電パネル、雑木林。民家らしい民家もあまりない。当然、飲食店もほとんどなく、移動手段が車に限られるためか通行人など皆無である。

付近に唯一あった喫茶店は、2019年6月にオープンしたばかり。八戸学院大を卒業した夫婦が切り盛りしている。絶品のドレスドオムライスを作ってくれたマスターは、「このあたりは（市街化）調整区域なので新たに家を建てたくても建てられないんです」と教えてくれた。

野球部のグラウンドも寮も、八戸学院大のキャンパス内にある。大学キャンパスらしく開放感のある敷地に入り、だだっ広い駐車場に車を停めて外に出る。その瞬間、凍てついた冷気に刺された。

13時と本来なら暖かい時間帯なのに、スマートフォンアプリで外気温を調べると「1℃」と表示されている。まだ11月下旬ながら、14時以降は氷点下へと突入していくようだ。喫茶店のマスターが「今日は地元の人間でも寒いですよ」と言っていたが、東京とは寒さの質が違うように感じられた。

青森に雪のイメージを抱く人は多いだろう。だが、八戸市の降雪量は決して多くない。雪よりも大敵になるのは海風である。

強い風に打たれながら、「もし自分が東京から青森にやってきた野球留学生だったら……」と想像してみる。たとえ「光星で甲子園に行きたい」と強い思いを抱いていても、戦意を喪失しかねない暴力的な風だった。

「関西4：関東4：東北2」の配分

「大阪から東北福祉大に行って、まさか仙台より北へ行くことになるとは思ってもみませんでしたよ」

笑顔で迎えてくれたのは、光星の仲井宗基監督だ。高台に建つバックネット裏の一室からは、グラウンドが一望できる。だが、そこには誰もいない。この時期は寒さを避けるため、5年前に完成した室内練習場を使うことが多いという。

仲井監督は1993年に光星へと赴任して野球部コーチとなった。東北福祉大の恩師である伊藤義博監督（故人）からは、「アメリカみたいですごいぞ」と聞かされていたという。といっても伊藤監督の「アメリカみたい」は都市部ではなく、広大な田園地帯のように何もないという意味だった。

「最初はグラウンド以外は何もありませんでした。この部屋がある建物もなければ、フェンスも照明も草を刈る機械もない。ボールもネットも全然足りないし、本気で甲子園を狙えるとは到底思えない環境でした」

学校として「野球部の強化に本腰を入れたい」と聞いて招聘されたが、当初は理想と現実のギャップに苦しんだ。骨折した部員がベンチ入りできるような選手層で、仲井コーチが赴任する前は春夏秋の公式戦ですべて初戦敗退。指導者として「何から始めていいかわからない」手探り状態だった。

そんななか、野球部に入部してきたのが野球留学生たちだった。当時の津屋晃監督も東北福祉大出身だったこともあり、地縁のある宮城出身者が7名を数えた。だが、他校から注目を浴びるような選手ではなかったと仲井監督は振り返る。

「留学生というより、人数が少ないから県外から入ってくれた……という感じでした。当初は弱いから『ガイジン部隊』なんてまったく言われませんでしたよ」

甲子園常連校となった今では、全国の幅広い地域から選手がやってくる。2019年度は3学年合わせて部員88名。プロ野球で活躍するOBの坂本勇人（巨人）、田村龍弘（ロッテ）、北條史也（阪神）が関西出身ということもあり、光星に対して関西のイメージを抱くファンは多いかもしれない。だが、仲井監督によれば「大まかには関西4、関東4、青森2くらい」の割合だという。

一部にはスカウトして入学してくる有望選手もいるが、仲井監督が「来る者拒まず」と語るように、部員の多くは過去につながりのある中学チームから推薦された選手ばかり。仲井監督は「ウチは本当の名門ではありません。叩き上げのチームだと思っています」と強調する。

謎の生命体・ミポリンの恐怖

バックネット裏の部屋で仲井監督と話している間、絶えず視界に黒い粒が宙を舞っていた。それもひとつではない。「ハエがすごく飛んでいますね」と尋ねると、仲井監督は「夏になるともっとすごいですよ。ハエ取りがびっしり埋まりますから」と豪快に笑い飛ばした。

仲井監督の視線の先に、線状のハエ取りが張ってある。夏ほどではないと仲井監督は言ったが、すでに10匹以上のハエがからめ捕られていた。

なぜハエが大量に発生するかというと、付近に養豚場や養鶏場があるからだと考えられる。仲井監督は「昔は夏場に弁当を食べるとき、ハエを手で払う気力もなくなるくらい練習しました」と愉快そうに語るのだった。

飛散するハエを見ながら、私はある確認すべきミッションを思い出した。だが、仲井監督の前でその単語を口にすることはためらわれた。私はおずおずと機を見計らい、意を決して切り出した。

「このあたりに、『ミポリン』が出現すると聞いたのですが……」

仲井監督が「え？」と呆気にとられた様子で聞き返す。私はなかばやけくそ気味に「ミポリンです」と繰り返した。

仲井監督は「あぁ、ミポリンね！」とうなずきながら、相好を崩した。

ミポリンとは、光星関係者の間で恐れられている謎の生命体である。仲井監督は「ブヨだと思う」と語るが、巨大な羽虫でひとたび刺されると強烈な痛みに襲われる。短期間に複数回刺されると皮膚が腫れ上がるため、練習に参加することすら困難になる。その場合、選手は指導者に「すみません、ミポリンに刺されたので練習を休みます」と申告しなければならない。なお、80年代アイドルを彷彿とさせる愛らしいネーミングは「美保野」の地名が由来になっている。

仲井監督はこうも証言した。

「僕の娘も小さい頃によく刺されてました。刺されない子は刺されないので、もしかしたら体質もあるのかもしれませんね」

ちなみに仲井監督は27年の八戸生活を経て、「免疫ができたのか、ミポリンに刺されてもあまり腫れなくなった」と豪語する。

他にもこの近辺には、都会ではお目にかかれない生物が出現すると仲井監督は教えてくれた。

「寮に巨大なカメムシが大量発生したり、グラウンドにカブトムシが落ちていたり。冬には野生のウサギが走り回っていますよ」

美保野ワンダーランドはなかなかに奥

が深そうだ。

東邦戦の大逆転負けは「魔物」のせいじゃない

田村、北條が2年生だった2011年夏から3季連続で甲子園準優勝。これは史上初の快挙である。それでも世間的に今ひとつ光星が騒がれていない印象を受けるのは、翌2012年の春夏甲子園はいずれも大阪桐蔭が決勝の相手であり、連覇を許したからだろう。このように、光星には「主役になれそうでなれない」という役回りが多い。近年では2016年夏の東邦（愛知）戦が印象深い。

2016年8月14日。八戸学院光星は東邦のプロ注目右腕・藤嶋健人（現・中日）を攻略して、7回表までに9対2と大量リードを奪う。試合を見ていた多くの人間が光星の勝利を確信したに違いない。だが、試合は奇妙な急カーブを描いていく。

東邦が7回裏に2点、8回裏に1点を返し、最終回に先頭打者の鈴木光稀がレフト前ヒットで出塁すると、球場は異様な雰囲気に包まれた。東邦の選手が出塁するたびに東邦側アルプススタンドだけでなく、バックネット裏まで大歓声や拍手で称える。

東邦がじりじりと点差を詰めていくと、熱狂はますます伝播していく。スタンドでは多くのファンが東邦のブラスバンドのリズムに合わせてタオルを回した。まるで波乱を煽るかのように。

この回、光星は一挙5点を失い、9対10という逆転サヨナラ負けを喫する。試合後、光星のエースは「全員が敵なんだと思いました。（甲子園の）怖さを知りました」と象徴的なコメントをしている。

いかにも光星のヒール感を増幅させるような試合だったが、仲井監督に当時の話を振ると意外な反応が返ってきた。

「甲子園に魔物が棲んでいるとよく言われますけど、僕はあの年は自分たちに責任があったと思っています。僕の指導の至らなさなんですけど、審判の判定に対して不満そうな態度を見せたり、全力疾走を怠ったりする部員もいた。東邦さんを応援したというより、『ウチを応援したくない』という雰囲気を作ってしまったと思います」

試合後、仲井監督は悔しさよりも「やっぱり野球の神様はおったな」と妙に納得したという。それと同時に、「今まで以上に地域のみなさん、無関係の人からも応援してもらえるチームにせなあかん」と決意を新たにした。

あの敗戦以来、仲井監督は常に選手に言い続けていることがある。

「まずは懸命に野球に向き合うこと。そして普段の生活のなかで人間性を作り上げていく。挨拶をしっかりすることもそのひとつや」

「更生学院」で生まれ変わった坂本勇人

今でこそ全国有数の強豪の地位を確立した光星だが、かつては問題児を根気強く指導して一人前に育て上げるチームとして知られていた。一部では「光星学院」ならぬ、「更生学院」という俗称もあったそうだ。

光星の土台を築いた前監督の金沢成奉さん(現・明秀学園日立監督)とともに、悪ガキに手を焼きながら指導してきた仲井監督にその実態を聞いてみた。

「どこまでの程度をヤンチャと言うのかはわかりませんが、僕にしてみればみんなかわいい生徒たちですよ。たしかに勉強ができない子、家庭環境が複雑でややグレていた子もいました。でも、15歳で親元を離れて青森で高校生活を送ることは並大抵の覚悟ではできません。むしろヤンチャなヤツほど『負けてたまるか!』という気持ちが強かったような気がします」

今や押しも押されもせぬスターになった坂本にしても、高校1年時には正月休み明けに鼻にピアスをつけて八戸に戻り、退部一歩手前までいったという逸話がある。だが、仲井監督はそうした揺れやすい思春期の心情に理解を示す。

「多感な年頃ですから、いろんなことがあって気持ちがブレそうになるのはわかります。大人だって時にはブレることがあるんですから。坂本だって根は腐っていなかったからこそ、また野球部に戻ってあれだけの選手になった。坂本に限らず、野球があるからなんとかなっている、救われている選手は多いはず。野球にはそういう力があると思うんです」

たとえ入学当初は自分勝手なヤンチャ坊主であっても、寮で共同生活を送るうちに変化が見えてくる。仲井監督がキーワードとして挙げたのは「連帯責任」である。

「なんでもかんでも連帯責任にするのはどうかと思いますが、一人の勝手な行動で高野連からチームに厳しい処分が下ることもあるわけです。仲間に迷惑をかけてはいけないという大前提で、自分の行動が正しいのか正しくないのか判断できるようになっていく。高校野球は自制を覚えて、大人になっていく場なのだと思います」

たとえ中学時代にワルのレッテルを貼られた選手であっても、光星で3年間を過ごせたら、社会に出ても困らない自立心と協調性が身についている。そこで3年間踏みとどまれるかは、「まず絶対にウチでやりたい気持ちがあるかどうか」と仲井監督は断言する。

東北＋関東＋関西で形成される言葉の壁トライアングル

3年生の二塁手・伊藤大将は大阪府出身。小学5年時に甲子園大会を見に行った際、「光星の試合が一番格好いい」と魅了された。試合後には売店で光星の記念ボールを購入。「いずれは光星で野球をやりたい」という淡い思いを抱いていた。

寝屋川中央シニアでプレーしていた中学時代、伊藤は光星から進学の話が来ていることを知らされた。憧れのチームに誘われ、喜びも束の間。関係者から気になることを告げられる。

「武岡もおるけど、頑張れよ」

武岡とは、徳島県の硬式クラブ・徳島ホークスの武岡龍世のこと。中学1年時にカル・リプケン杯の日本代表に選ばれた逸材だった。中学でショートを守っていた伊藤とはポジションがかぶったのだ。

光星に入学した伊藤は、大阪を含め近畿圏の出身者が多く、気安さを覚えた。一方で噂の武岡の存在が気になり探すと、武岡は誰ともつるむことなく、盛り上がる関西勢の輪の外で静かにたたずんでいた。伊藤は「一人でおるのが当たり前みたいな感じで、練習も一人で黙々とやるタイプでしたね」と当時の印象を語る。

一方の武岡は、関西勢に対して内心いい感情を抱いていなかったという。

「『うるさいな』と思っていました。自分は引っ込み思案なんで、関西人がでしゃばりに見えてしまって。はっきり言って嫌いやったですね。だからいつも端っこのほうにいたっす」

光星の部員構成は前出の仲井監督の言葉通り「関西4、関東4、青森2」の配分である。1年生が最初にぶつかる壁は「言葉」だった。伊藤は関東人の標準語がどうも引っかかった。

「標準語を聞くと、なんか馬鹿にされてるように聞こえるんです。僕も目上の人には標準語を使いますけど、同級生に使われるとなんだか上からモノを言われているように感じるんです。丁寧すぎてムカついてしまうというか……」

そんな伊藤ら関西人の関西弁に戸惑っていたのは、青森出身の部員だった。弘前市の弘前白神シニアでプレーしていた下山昂大は言う。

「関西弁は常に自分が押されてるような感じがするんです。自分が話す余裕もないくらい、一方的に話してくるし。最初にみんなと会ったときから関西出身の人はにぎやかで、『すごいな』と圧倒されていました」

下山は小学生時に光星の試合を観戦した後、北條と写真を撮ってもらい「身近な憧れの高校」になった。光星に進学したい意思を表明すると身近な人は応援してくれたが、なかには「通用しないよ」と否定的な声を浴びせる人もいた。

「県外の人が多くて、青森から行っても通用しないとよく言われました。でも、その固定概念を自分が崩したいと思ったんです」

そんな決意を秘めた下山だったが、下山が話すクセのある方言にも多くの部員が戸惑っていた。津軽弁はリスニングにかけては日本屈指の難解さを誇る方言なのだ。下山はこんなエピソードを教えてくれた。

「家族と東京で食事中に普通に話していたら、店の人から『チャイニーズ？』と聞かれたことがあります」

⚾寒さと虫と洗濯と戦い続ける龍宮城生活

異色の経歴を持つのは、外野手の島袋翔斗である。島袋は東京の強豪・志村ボーイズでプレーしていたが、出身中学は沖縄の那覇市立古蔵中である。いったいどういうことなのか。

「土日だけ東京へ行って、チームに参加していたんです」

島袋は小学6年時、NPB12球団ジュニアトーナメント（NPB12球団が小学生選抜チームを編成して年末に開催する大会）でヤクルトジュニアに選ばれ、キャプテンを務めた。ヤクルトが春季キャンプを沖縄・浦添で実施していることから、沖縄の選手も選ばれたのだ。週末に飛行機で東京へと飛んでヤクルトジュニアの活動に参加。そして中学ではレベルの高い志村ボーイズでプレーする案が持ち上がった。

中学1年時は埼玉県で居候生活を送りながら志村ボーイズに参加していたが、2年時にケガをしてしまい沖縄に帰った。リハビリを経て、3年目の残りわずかな活動は沖縄から通ったということだ。つまり、島袋は中学の時点である程度、野球留学を経験していることになる。光星を志望したのは、隣の小学校出身だった川上竜平（元・ヤクルト）が2011年夏の甲子園で準優勝した姿を見て、「沖縄の選手でも活躍できるんだな」と印象に残っていたからだ。

だが、2月に入試を受けるために八戸を訪れた島袋は、「無理だ」と絶望した。

「沖縄とは比べものにならないくらい寒い。気温は20度くらい違いますから」

東京での経験があるため、言葉はさほど苦労しなかった。東北出身者に対して「最初は何を言ってるのかわからなかった」と思った程度。しかし、寒さにはいつまで経っても慣れることはなかった。

「朝起きて、朝メシを食べに食堂に行くまでの廊下の寒さが絶望的なんですよ……。練習でも、中学までは手がかじかんだ状態で野球をやったことがなかったので。室内練習場でやったって余裕で寒いですから」

寒さは誰もが経験する美保野ライフの壁だった。伊藤は「雪が少ないといっても降ったらすぐ凍ってスケートリンクみたいになる。冬の洗濯なんて地獄です」と明かす。青森出身の下山でさえ、「弘前は雪の量がすごいんですけど、八戸は海がすぐそこなので風が強くて驚きました」と語る。

寒さに加えて、別のものと格闘していたのは武岡だった。

「ハエが大嫌いなんです。八戸のハエはでかくて、にぶい。朝方の4時に耳元で『ブ～ン！』と羽音が聞こえて起こされたときは、めっちゃ腹立ちましたね。それから30分くらいハエと戦いました」

寮生活では、多くの部員が洗濯に苦しんだ。洗濯機がコイン式のため、1回使うごとに100円かかる。伊藤は「3日分ためておいて、一気にやることもありました」と言う。下山はしみじみと「親の大切さ、偉大さがわかりました」と語った。

携帯電話は禁止されていないが、SNSの利用は禁止。テレビも設置されていない。「総理大臣が変わったことを知らない先輩もいたみたいです」と伊藤が語るような、過酷バージョンの龍宮城生活である。当然、世の中の流行に疎くなる。

武岡は帰省時、友人に「なんでこの『ひふみん』って人は、こんなにテレビに出てるの？」と尋ねて「なんで知らんの？」とあきれられた。光星で生活していれば、加藤一二三はおろか人気のアイドルや芸人の存在すらわからなくなるのだ。

青森山田との「大阪第二代表決定戦」

慣れない生活に悪戦苦闘しながらも、彼らはそのたびに「自分は野球に打ち込むためにここへ来たのだ」と思い出す。しかし、グラウンドに出れば、別次元に思える先輩たちに圧倒された。入学してすぐAチーム（1軍）に抜擢された武岡は、自信を喪失しかけた。

「守備は案外いけたんですけど、バッティングと走塁がひどすぎて……。全然打てないし、たまに打ったら牽制アウトになったり。最悪でした」

強打の光星では、練習から1キロの金属バットでスイングする。先輩たちはそのバットを軽々とスイングして、強烈な打球を飛ばしていた。

そして仲井監督の厳しさ、細かさには驚かされるばかりだった。武岡は「なんでそこを見てるんや、と思うような部分も見ていて、必ず指摘されるんです」と語る。

「監督の圧がすごい」と証言するのは伊藤だ。

「最初はAチームに入れなかったので、練習試合の補助をやっていたんですけど、先輩のプレーを見ていると、『なんでそうなるん?』と思うようなエラーを結構していたんです。でも、いざ自分が入ってみたら、中学では感じたことのないプレッシャーを味わいました。気づいたら、自分も簡単な打球をエラーしてばかり。まずは監督の圧に勝たなあかんと思いました」

冬場には己のメンタリティーが問われるウエートトレーニング地獄が待っていた。武岡はうんざりしたような表情で説明する。

「背中、上半身、下半身と3部位を日替わりで鍛えるんですけど、毎日毎日同じメニューで『またや』となるんです。自分の気持ちとの勝負です」

毎日同じ漢字ドリルの書き取りをするような単調な日々。こうした日常の支えになるのが、身近にいる仲間たちである。伊藤は言う。

「朝起きても、学校に行っても、練習をしてても、風呂に入っても一緒におるんですから。

仲間とのつながりを感じながら、自分も強くなれたような気がします」

入部当初にはあった地域や言葉の壁がいつしか取り払われ、彼らは「光星」の名のもとにひとつになっていく。仲井監督は、それが選手にとって最大の成長につながると感じている。

「東北人は実直で真面目、粘り強さがある。関東人は都会で洗練されていて、スマートさがある。関西人は自己主張の強さと野球のずる賢さがある。彼らの特徴がうまく合わされば、相乗効果が生まれて強いチームになります。それは地元の子にとっても県外から来た子にとっても素晴らしい財産になります」

2018年の夏が終わると、彼らは最上級生になった。武岡はショート、伊藤はセカンド、下山はサード、島袋はセンターでそれぞれレギュラーを獲得した。

光星でレギュラーになったといっても、甲子園行きの切符を手にしたわけではない。青森県内のチームはみな「打倒・光星」を掲げてチャレンジャー精神をむき出しにして挑んでくる。光星の選手にしても、「負けたら甲子園に出られない」というプレッシャーを背負って戦うのは、簡単なことではない。

とくに青森には青森山田という宿敵がいた。現在は青森県出身の選手も増えているが、かつては関西出身者が多く、光星と青森山田の決勝戦は「大阪第二代表決定戦」と揶揄されることもあったという。

だが、仲井監督は近年、そうした風潮が薄れていると感じている。

「青森の野球ファンが『いい野球』を求めている、見たがっていることを感じます。青森にはプロ球団もないし、めったに試合も見られない。ウチと山田との試合を楽しみにしてくれている人が数多くいるんです。ウチと山田との試合は力と力のぶつかり合い。最高の舞台で、フェアプレーで全力を出し切る場だと思っています。『大阪第二代表』なんて言われても、まったく気にしません。だって、実際に山田との試合は球場が大盛り上がりなんですから」

2018年秋の県大会では準決勝で青森山田と対戦。この試合で光星は打線が大爆発し、17対1の5回コールドでライバルを粉砕した。決して青森山田の投手力が低いわけではなく、エースの堀田賢慎は翌秋のドラフト会議で1位指名を受けて巨人に入団する逸材だった。それだけ光星の打線が強かったと見るべきだろう。

光星はそのまま青森県大会、さらに東北大会を制して明治神宮大会に出場。3年ぶりとなる選抜高校野球大会（センバツ）出場を確実にした。

甲子園に出ると「ガイジン部隊」と呼ばれる皮肉

極寒の地で流行から取り残され、他校の生徒が遊んでいる時間にも練習や洗濯に追われて、やっとの思いでつかんだ甲子園出場。しかし、皮肉にも甲子園出場を決めたことで脚光を浴び、「ガイジン部隊」と批判されてしまう。

選手たちに聞くと、直接的に野球留学生であることを非難されたという話はなかった。インターネット上でやり玉に挙がっていたことを人づてに聞く程度だという。伊藤は「いちいち気にするタイプではないので『言っとけ言っとけ』みたいな感じです」とたくましい。

武岡に「ガイジン部隊」という世間の見方についてどう思うかを尋ねると、決然とした表情でこう答えた。

「どうでもいいですね。自分たちがやってきたことに自信があるので」

春のセンバツは初戦で広陵（広島）に敗退したものの、夏の青森大会を再び勝ち上がって春夏連続出場。センバツ後の県大会で敗れていた宿敵・青森山田とは3回戦で対戦し、

4対1で勝利を収めていた。

夏の甲子園では、いきなり開幕カードに登場。その1回表、6番に入っていた下山がいきなり満塁ホームランをレフトスタンドに叩き込んだ。

「甲子園1打席目のホームランなんて思ってもみなかったので、ベースを回っている間は頭が真っ白でした」

この本塁打は元号が令和に変わってからの甲子園第1号だったこともあり、メディアで大々的に取り上げられた。下山のもとには多くの反響が寄せられたが、うれしさがある半面、やや複雑な思いも残っていた。

「光星のレギュラーになっても『県民枠だ』なんて言われていたのに、活躍したら『弘前の誇り』と言われるなんて……」

県民枠とは、地元からの批判をかわすために実力の劣る地元出身者をレギュラーとして起用する、という意味合いで使われる造語だろう。下山は光星で激しいポジション争いをしながら、そんな心ない見方とも戦っていたのだ。

下山の殊勲打をはじめ、初戦から打線が爆発した光星は、その後ものびのびと実力を発揮した。準々決勝で明石商(兵庫)に6対7で惜敗したものの、甲子園で3勝を挙げてベスト8に進出した。

夏の青森大会では一時8番まで打順を下げられた武岡も、夏の甲子園では1番に座ってバックスクリーンに本塁打を放つなど活躍した。2年時から数えて自身3回目の聖地だったが、武岡はしみじみとこう振り返るのだった。

「甲子園は気持ち次第なんだなと思いました。打てるときはテンションが高いし、不安があると絶対に打てません。最後の夏はちょっと暴れられましたね」

チームとしての結果だけを見れば、もっと好成績をあげられた年もあった。だが、仲井監督には今までにない手応えと満足感があった。それは甲子園の後、光星で開かれた文化祭で確信に変わった。

「ベスト8止まりでしたが、文化祭で武岡が地元のおじさん、おばさん方に温かい声をかけてもらっていて、いい雰囲気だなと感じたんです」

ほんの3年前まで「応援したくない学校」だった自分たちは、応援されるチームになりつつある。たとえ野球留学生が多いチームだろうと愛されるチームは作れると、仲井監督は自身の方向性に間違いはないと感じた。

「野球留学がいいことなのか悪いことなのかは僕にはわからないですし、ずっと評価されないのかもしれません。でも『ガイジン部隊』という言葉が死語になるくらい、応援されるいい野球をしたいと思っています」

「僕ももう、八戸の人間だと思っています」

2019年秋のドラフト会議、光星からは武岡がヤクルトに6位指名を受けた。さらに育成ドラフトでは伊藤がソフトバンクから3位指名を受け、プロでの大出世を狙っている。

他にも下山は千葉の中央学院大、島袋は東京の創価大へと進学する。当然、卒業後は八戸から離れることになる。

卒業が間近に迫っても、沖縄出身の島袋は相変わらず「この寒さは慣れません」と首をすくめて震える。大阪から青森、青森から福岡へとダイナミックに日本を渡り歩く伊藤は「このメンバーならまた一緒に光星で高校生活を送りたい」と笑う。青森出身の下山は「いろんな県から選手が来る高校を選んで不安だったけど、光星を選んでよかった。仲間の大切さをより一層感じられました」と寂しそうだ。

もっとも寂しそうなのは武岡かもしれない。入学当初は関西人を疎み、孤高を好んだ武岡も、今や伊藤から「マジでチームで一番うるさい」と評されるまで明るくなっていた。

「仲間がいなかったら、どうなっていたんだろうな……。たぶん今みたいにはなってなかったですね。キャプテンだって、そういうことができるタイプじゃなかったし。気の合わんヤツに話しかけるのだって、めっちゃきつかったし。でも、地元を離れて寮生活をして、野球に打ち込んだことは絶対に間違いではなかったと思います」

たとえ八戸を離れても、八戸で学んだことは体の芯から染みついている。

そして、指導者にとっても八戸は、ただの職場という意味以上の土地になっている。仲井監督は胸を張って言う。

「僕も、もう27年も八戸に住んでいるので、八戸の人間だと思っています」

町の居酒屋で飲んでいれば、隣席の見知らぬサラリーマンから「頑張ってください」と応援される。健康診断のために病院へ行けば、おばあさんから「監督、頼むよ」と思いを託される。こうした経験をするなかで「もっと地元の子が試合に出て活躍すれば、盛り上がり方は違うのかな」と感じることもある。

それでも……、と仲井監督はこう続けるのだった。

「どこの出身だろうと青森で日々努力してきたことは嘘でもなんでもない。ハエがずっとブンブン飛び回っているなかでも、頑張ってきたわけですから。そういう選手たちを見ていると、正当に評価されないのは寂しいなと思いますね」

今日も美保野には巨大なハエと未知の生物・ミポリン、そして選手と指導者の熱気が飛び交っていることだろう。

第2章

盛岡大付(岩手)

大谷翔平を破りスタンドから飛んだ野次
極寒の地で積み重ねる漢の修行

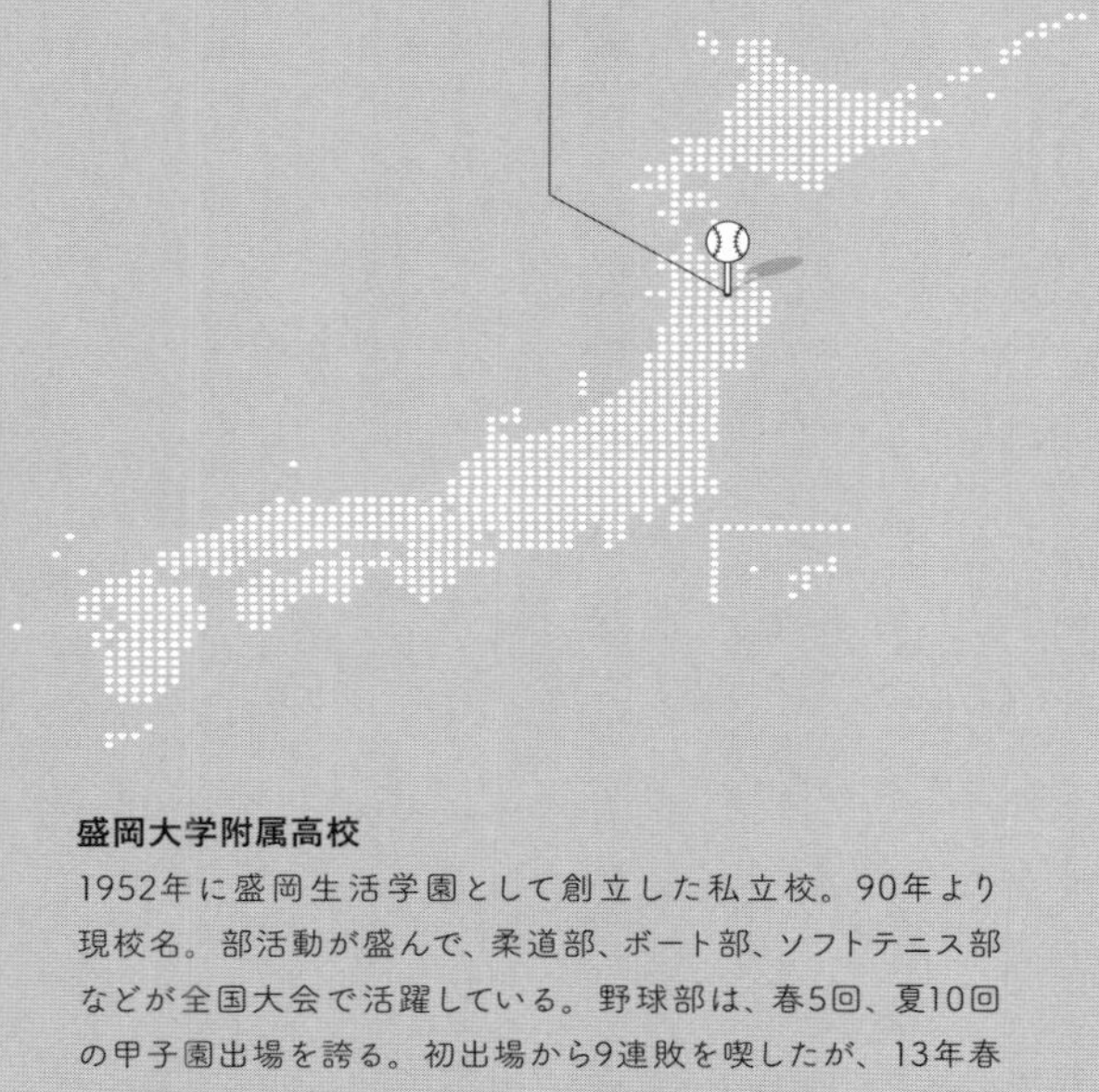

盛岡大学附属高校

1952年に盛岡生活学園として創立した私立校。90年より現校名。部活動が盛んで、柔道部、ボート部、ソフトテニス部などが全国大会で活躍している。野球部は、春5回、夏10回の甲子園出場を誇る。初出場から9連敗を喫したが、13年春に初勝利を挙げると、17年には春夏ともに全国ベスト8進出を果たした。OBに伊東昂大(元・広島)、松本裕樹(ソフトバンク)、杉山晃基(ヤクルト)などがいる。

—

学校所在地：岩手県盛岡市厨川5-4-1

—

寮費：月52,000円

室内練習場のない雪国の強豪野球部

雪国にある強豪私学で、室内練習場がない高校などあるのだろうか。私はグラウンドを訪れる直前まで、盛岡大付に室内練習場がないことを知らなかった。

東北地方が「野球後進国」などと揶揄された20世紀ではない。冬場は室内練習場で練習するのが当たり前、なかには公立校でも室内練習場を保有する時代である。

「普通に考えれば、こんな環境に進んで来ようとは思わないですよね。関東や関西にもいい学校はいくらでもあるわけですから」

強豪野球部の監督らしからぬ、穏やかな口調で関口清治監督は言った。

正式名称は盛岡大学附属高等学校。地元では「モリフ」の愛称が定着している。甲子園で初勝利をなかなか挙げられず、甲子園初戦9連敗を喫して「あらゆる負け方をコンプリートした」などと批判されたのも昔の話。今や毎年のように強打線を作り上げ、2017年には春夏連続で甲子園ベスト8に進出。東北地方を代表する強豪校の仲間入りを果たした。

盛岡大付の野球部グラウンドは岩手県盛岡市下厨川鍋屋敷にある。盛岡駅からIGR

いわて銀河鉄道で10数分揺られ、3駅目の巣子駅で下車する。真新しい木造の駅舎を出ると、正面に富士山のように整った形状の岩手山が望める。岩手大農学部の針葉樹林を抜け、牧歌的な田園を歩くこと20分あまり。ようやく野球部員の掛け声が聞こえてくる。野球場ライト後方の狭い一本道を隔てて、馬の牧草地が広がる。穏やかな陽の光を浴びた芝生が、幻想的な景色を作り上げていた。なお、ここまで25分歩いてすれ違ったのは車数台で、歩行者は私以外ゼロである。

グラウンドに着くと、松崎克哉部長から「長靴をどうぞ」と慣れた手つきで差し出された。訪れた2019年11月下旬には雪は降っていなかったが、日陰になる通路やバックネットのフェンス際がぬかるんでいる。大雨でも降ったのかと思いきや、11月になると一度でも雨が降れば春まで水が引かないのだという。松崎部長は「ここでは長靴がないと生きていけませんから」と自虐的に笑った。

選手たちはかろうじて乾いているフェアグラウンドでキャッチボールやノックをしている。そんな練習風景を眺めながら、関口監督は意外なことを口にした。

「この際、早く雪が降ってくれたほうがいいんです」

右の頬を打たれたら、左の頬を差し出せ。盛岡大付はキリスト教主義の学校だけに、そういうことなのだろうかと真意を汲み取れずにいると、関口監督は「そのほうが練習しやすいですから」と続けた。

盛岡大付は雪に覆われる冬場でも、グラウンドで練習するのだ。雪が降り積もっても、選手たちは長靴を履いてグラウンドの内から外へとグルグル回るようにランニングして、雪を踏み固める。その後は雪の上で通常練習。当然、バッティングだって例外ではない。大阪府出身の3年生強打者・岡田光輝はこう証言する。

「長靴を履いて外でバッティングをするんですけど、『腕から先が取れるんじゃないか？』という感覚で振っています」

長靴を履いて雪上バッティングに励む姿から、彼らは一部で「ペンギン族」と称されるそうだ。「かわいい」という感想よりも、「なぜ、そこまでして？」という疑問が先立ってしまう。だが、その疑問は取材を重ねるなかで解消されることになる。

雪のなかで硬球を使えば、すぐに傷んで使えなくなってしまう。試行錯誤の末にウレタン素材のボールに行き着いた。関口監督は「打感は硬球とほとんど一緒な上に、飛距離が出にくい。雪に埋まっても、春になって出てくればまた使えますから経済的です」となぜか得意げに語った。

「いい選手を引っ張る」世間のイメージと実像のギャップ

私は、盛岡大付の野球部にこんなイメージを抱いていた。

潤沢な資金のもと設備・環境を整え、全国から有望な選手を集め、強化している——。いわゆる野球で名を売ろうとする、強豪私学の典型的なイメージが少なからずあった。

しかし、室内練習場がないことや、ぬかるんだグラウンドを見て、それは幻影だと悟った。グラウンド三塁側の土手に建った簡素なビニールハウスは、使い古したウエート器具が所狭しと並んだトレーニングルーム。風雪にさらされたトイレは扉の立てつけが悪く、最初は鍵がかかって開かないのかと思ったほど。通りかかった部員が力づくで扉をこじ開けてくれた。

2002年に完成したという野球部専用グラウンドにしても、レフト95メートル、センター115メートル、ライト89メートルと特別に広くはない。水銀灯の照明器具もところどころ寿命が尽きており、関口監督は「雪が降ったほうが反射するので明るくなるんですよ」と笑った。

リクルート面も恵まれているわけではない。

入学金や授業料が免除される特待生の数は年2、3名。日本高等学校野球連盟（高野連）によって野球部の特待生は「各学年5名以下とすることが望ましい」と通知されているが、その上限よりも少ない人数である。

だが、関口監督は困ったような顔をして「県内でウチは『いい選手を引っ張ってきている』と思われているんです」と嘆いた。

これまで勧誘はしたものの、入学してくれなかった選手の名前を聞いてみると、関口監督は淀みない口調でこう答えた。

「菊池雄星（マリナーズ）、大谷翔平（エンゼルス）、佐々木朗希（ロッテ）……」

その時点で、すべてを察した。わずか10年で3人もの怪物が出現した岩手県にあって、盛岡大付は怪物に選ばれなかった高校なのだ。県外からやってくる選手にしても、エリートと呼べる選手はごくわずか。中学時代に控えだった選手も多い。

「ウチは財力がないので、争奪戦になるような選手はすぐに手を引きます。環境面も条件面も戦えないですから。県外からの選手が多いというだけで『優秀な選手が多いんだろう』という目で見られるんですけど、じゃあ岩手の子より優れているかといえば、そうでもありません。大阪や神奈川でも、本当に技術の高い子は地元に残るじゃないですか。たとえ中学時代はレギュラーじゃなくても、ウチのような環境で頑張りたいという子が志願して来てくれるんです」

中学硬式クラブの目ぼしい選手を見て回って、「あの選手をください」と勧誘することはほとんどしない。これまで付き合いのある中学クラブの指導者が、「モリフ向き」と判断した選手を推薦し、入学してくるケースがほとんどだ。

3年時に背番号2をつけた正捕手の島上眞綾は、兵庫県の宝塚ボーイズ出身。かつてイチローの打撃投手を務めたキャリアを持つ名物指導者、奥村幸治監督から勧められ、盛岡大付への進学を決めたという。

「高校では寮生活をして、自立したいという思いがありました。3学年上に宝塚ボーイズの先輩がいたので話をお聞きしたら、『厳しい環境で3年間やっていくなかで、しっかりした人間になれるから』と言われて決めました」

そんな島上も中学時代はほとんど出場機会に恵まれなかった。「高校で頑張って、中学時代の指導者に『すごい』と言わせてやろう」と一念発起し、縁のなかった環境で奮闘した。高校3年時に背番号2をつけて春のセンバツに出場した際に、奥村監督から「まさかお前がなぁ……」と驚かれたという。

盛岡大付といえば、神奈川の強豪硬式クラブ・横浜瀬谷ボーイズとの縁が深いことでも知られる。2012年夏に大谷翔平を擁する花巻東を破って甲子園出場を果たした代は、レギュラー9人中5人が横浜瀬谷ボーイズ出身だった。

とはいえ、いい選手がいるからといって気軽に送ってもらえるようなものではない。強固な信頼関係を築くまでには当然、時間がかかった。関口監督は言う。

「瀬谷ボーイズさんとは私がコーチだった2005年くらいからお付き合いが始まって、多いときは7人も入ってくれる年もありました。瀬谷ボーイズさんは中学でチャンピオンを獲りたいわけではなく、社会で挫けない子を育てたいというテーマを掲げているチームです。そんな考えがウチと合ったのかもしれません」

横浜瀬谷ボーイズでは控え投手だった伊東昂大が盛岡大付ですくすくと成長し、2009年秋にドラフト5位で広島に指名された。そうした経緯から信頼を勝ち取り、2012年入学の松本裕樹など、一部の主力級も盛岡大付に進学するようになった。松本は2014年ドラフト1位でソフトバンクに入団している。

近年、コンスタントに甲子園へと駒を進め、プロ野球選手も輩出するようになった。だが、盛岡大付は決して「エリート校」ではない。

私自身が誤解していたように、盛岡大付の実態と世間のイメージには大きな隔たりがあるように思えてならなかった。

広大な岩手で「県内・県外」を論じる意味

『甲子園の負け方、教えます』(報知新聞社)という2017年に刊行された書籍がある。著者の澤田真一さんは盛岡大付の野球部前監督である。現在は教頭を務めており、関口監督は澤田さんの教え子にあたる。

この書籍は盛岡大付の監督として春1回、夏6回の甲子園出場へと導いたものの、1勝も挙げられなかった澤田さんが「甲子園の負け方」を通して野球の深淵さに迫る逆説的な内容になっている。澤田さんのユーモラスな性格を反映してか、甲子園で初戦敗退した直後に注文していない寿司が10人前届くエピソードなど、お堅い教育関係者が読めば眉をひそめそうな砕けた筆致が特徴だ。目を引くのは、「お金がない」という記述が頻発することである。本書からいくつか引用してみよう。

〈（監督就任当時を振り返って）野球部にはバット3本、ボール20個と共同グラウンドしかありませんでした。熱心な野球少年が持つ個人の用具よりも貧弱です。〉

〈（小石澤浄孝［元・西武ほか］をスカウティングした秘話について）選手の保護者から「徳島県の藍住町に、力強い選手がいる」と聞き、旅費はもちろん〝自腹〟で徳島まで確かめに行きました。〉

〈（遠征費や交際費の予算が0円のため自腹を切ったことについて）親父の残してくれた財産や給料から天引きしてもらっていた財形貯蓄はあっという間に底をついてしまい、妻には本当に申し訳なかったと思っています。〉

ここまであけすけに内情を明かす高校野球関係者の書籍は珍しいだけに、さぞ読者に喜ばれたことだろう。そう考えてウェブ書店・Ａｍａｚｏｎ（アマゾン）のレビューをのぞいてみると、いきなり星1つ（5点満点）と低評価をつけたレビューが目に留まった。

「ちょっとだけ立ち読み」という小見出しで始まるレビューには、レビュアーの文章がこう書かれていた。

〈学校が私立で留学選手受け入れられたから甲子園いけたのだなぁと

これが素直な感想。〉

この本のどこをどう読めば、そんな感想になるのか……と驚きを通り越して憤りを覚えた。このレビューがすべてではないが、盛岡大付への偏見の一端を垣間見たような気がした。

そもそも、「留学選手受け入れ」は、そんなに悪いことなのだろうか。

なぜ、盛岡大付が野球留学生を呼ぶのか。その大きな理由は学校経営面にあると関口監督は言う。

「東北の私学は生き残ることが大変です。地元の子だけでは経営的にまかなえませんし、少子化で中学生の数はどんどん減っていますから。人口の多い地域から地方に人が来ることは、学校にとってうれしいことです」

盛岡大付は1学年定員150名の小規模な高校である。全校生徒約450名のうち野球部員は117名だから、いかに野球部が学校経営を支えているかがわかる。

そして一口に「地元」と言っても、岩手県は本州最大の面積を誇るほど広い。南西部の一関から北東部の久慈まで移動しようと思ったら、新幹線を使っても4時間前後かかる。一関なら、久慈よりも宮城県のほうが近いのだ。

関口監督は岩手県北部の一戸町に1977年に生まれ、中学時代までを過ごした。志望校を盛岡大付に定める前は、自宅からより近い青森県八戸市にある八戸工大一に進学したいと考えていた。

「八戸のほうが近かったので、『県外』という感覚はありませんでした。ただ、当時の僕は東北福祉大に憧れていたこともあって、東北福祉大出身の澤田先生がいるモリフに進みたいと思い、決めたんです」

もともと「県内・県外」というこだわりが希薄だった関口監督にとって、出身都道府県で差別される高校野球界は「狭い」と感じている。

「日本がこれだけグローバル化しているなかで、県内だ県外だと、ずいぶん狭いところで話をしているな……とは思ってしまいますね。昔よりも交通の便も発達して、県外への移動時間もずっと短くなっているのに」

松崎部長は福島の聖光学院で主将として甲子園初勝利を経験した後、青森の八戸大(現・八戸学院大)を経て、盛岡大付に赴任している。東北出身者として「関東、関西にはない『他を受け付けない文化』を感じるのも事実です」と明かす。今や岩手での生活も10年以上になり、愛着もある。それゆえに、こんな嘆きが口をついた。

「面と向かって『ガイジン部隊』と言ってくる人はあまりいませんが、今でも球場で酔っ払って試合を見ているオールドファンの方から野次られることはあります。生徒たちが『ガイジン部隊』なんて言われちゃったら、聖光出身の僕だって『ここにいちゃいけないの？』と感じてしまいます」

排他的・閉鎖的な文化を醸成しているものは何なのか。関口監督は岩手出身者としてこんな実感を口にした。

「関西、関東のような野球が強い地域から生徒が来ると、『岩手を荒らしにやってきた』という感覚になってしまうのかもしれませんね。『幕府が乗っ取りにきた！』という感じかもしれません。でも繰り返しになりますが、実際はそこまで技術的に優れている選手が入っているわけではないんです」

「わんこそば打線」というネーミング問題

盛岡大付に選手が集まるのはなぜか。関東や関西よりも甲子園に出られるチャンスがあると言っても、地方の強豪私学で環境的に恵まれているチームはいくらでもある。なにしろ、冒頭のように関口監督が「普通なら進んで来ない」と認めてしまうほどなのだ。

前出の島上は「寮生活がしたい」という理由だったが、他の3年生にも聞いてみたところ、「バッティングを伸ばせるチームだから」という声があった。

栃木の強豪チーム・小山ボーイズでプレーしていた池兵馬は言う。

「テレビ中継でモリフを見て、『すごく打つチームだな』と印象に残って、行きたいと思ったんです。バッティングを極めたいという思いが強かったので」

ちなみに、中学時代の池はファーストの控え。打撃には多少の覚えがあったものの守備力が低く、「2番手にも入れないくらいでした」と本人ははにかむ。

打撃力のチームカラーが浸透したのは、2012年に打倒・大谷翔平を掲げた際、光星学院（現・八戸学院光星）を全国区にした金沢成奉さん（現・明秀学園日立監督）を招いて、その打撃技術を伝授されてからだ。だが、メディアがつけたキャッチフレーズは「わんこそば打線」。盛岡の名物にちなみ、「一度打ち始めたら止まらない」というニュアンスは伝わる。だが、給仕の女性が「どん、どん」「じゃん、じゃん」などと合いの手を入れながらお椀に麺を入れていく、なごやかなイメージがどうしても勝ってしまう。打線として、威圧感がまるで感じられないのだ。

そんな印象を関口監督に伝えると、「そうなんですよねぇ……」と苦笑しつつ、「あ、そういえば別のキャッチフレーズもあったんですよ。何だっけな」と思い出すように遠くを見つめた。

数秒の沈黙の後、関口監督の口から飛び出したのは、「あ、『ペンギン打線』だ！」という、わんこそば以上にかわいらしいフレーズだった。雪の上で長靴を履いて打撃練習に励む「ペンギン族」からの由来である。いつか、彼らの破壊力に見合ったフレーズが生み出され、定着することを願わずにはいられない。

ところで、盛岡大付野球部の門を叩いた彼らはどんな3年間を過ごすのだろうか。3年生の証言を元に簡単に再現してみよう。

入試を受けるのは1月。その際に初めて盛岡大付の練習を見る者もいる。島上もその一人だった。

「もう雪が降っていて、グラウンドで5分くらい見学しただけで寒さが限界でした。初めて盛岡の寒さを知って、『こんななかで練習するんだ……。自分はできるんだろうか……』と不安になったことを覚えています」

入学に合わせて親元を離れ、入寮する。野球部には自宅から通える生徒もいるのだが、全員が入寮を希望するという。関口監督は「通いでも大丈夫なのですが、みんなと一緒にいたいのでしょう」と推測する。

野球部が入る寮は学生会館と清翔寮の2種類に分かれる。寮費は1日3食つきで月額5万2000円。1年生が入るのは清翔寮だった。

厳密にいえば、清翔寮は学校管轄外の下宿だった。野球部OBの料理人である小野寺均さんがおかずなど料理を作ってくれるものの、白米を炊くのは部員の役割。週に一度は食事当番が回ってきて、50人近い清翔寮生の白米を炊く。

高校生活のスタートは戸惑いばかりだったと大阪出身の岡田は振り返る。

「最初は米の炊き方もわからないし、自分で何もできないことを思い知りました。学校に行って、勉強と練習をするだけじゃなくて、寮で米を炊いて、食べて、自主練習して、掃除して、洗濯する……。全部自分でやらなきゃいけない。最初は野球よりも毎日の生活がきつかったです」

洗濯機は4台しかないのに、フル稼働させるとなぜか風呂場のシャワーが出なくなる。そんな嫌がらせのような怪現象が起きるため、入浴の時間帯は洗濯機を使用できなかった。必然的に就寝時間が遅くなり、島上は「地獄でした」と振り返る。一方、池は「洗濯物を取り忘れると、次の日に凍っているんです」と教えてくれた。

ある程度の覚悟はしてきたつもりだったが、朝晩の冷え込みは想像以上だった。清翔寮にはファンヒーターが常備されていたものの、灯油がすぐに尽きるため寮生はグラウンドコートを着込んで眠っていた。そんな清翔寮も2019年度限りで役目を終え、新たな寮が建設中だという。

冬の必需品は長靴とゴム手袋。出動、スノーバスターズ！

入部当初、台頭するのは近畿圏出身者が多い。それは実力以前に、積極的に前へ出ていく姿勢と自己主張ができるコミュニケーション力があるからだ。

大阪・大正ボーイズで揉まれていた岡田に東北出身者の印象を聞くと、こんな答えが返ってきた。

「東北の人は基本的に静かやったですね。関西のヤツらはめっちゃしゃべってるんですけど」

関口監督は関西勢を「岩手の空気を変えてくれる」と評する。

「『俺は腹を決めてここに来たんだ！』という強い思いを前面に出しますよね。地元の子たちも、それに負けられないと努力することで、相乗効果が生まれます」

入部当初は関西勢のノリに圧倒される地元勢だが、徐々に慣れてくると負けまいと対抗心をあらわにしていく。このように刺激を受け合うことこそ、野球留学の大きなメリットだと関口監督は続けた。

「15、16歳の時点で、東北、関東、関西と、育ってきた地域の違う人間と触れ合う体験ができるのは大きいと思います。大人になってから職場で違う文化の人と接しても、面食らうこともありません。マイナスなことは何もないと思いますし、我々指導者も子どもたちから教えてもらうことばかりです」

数カ月過ごしていると、多くの1年生部員はホームシックにかかる。それでも、彼らを踏みとどまらせるのは、故郷と肉親への思いだという。池はこう証言する。

「帰りたいと思った時期もありましたけど、帰ったらせっかく寮に入れてくれて、支えてくれた親をガッカリさせてしまう。それに、自分を成長させるためにここまで来たんだから、帰りたい思いをこらえて、毎日必死に打ち込みました」

厳しい日々を送るなか、ふと苦しいのは自分だけではないことに気づく。こうして寮生同士の共感が生まれ、連帯感が醸成されていく。

盛岡での生活に慣れてきた彼らに待ち受ける鬼門が、言わずもがな冬である。必需品は長靴とゴム手袋。長靴は前述したように、晩秋以降の劣悪なグラウンドコンディションで練習するため。一方、ゴム手袋はバッティンググラブ代わりである。

春のセンバツで4番を任された岡田が解説する。

「バッティンググラブを使うとすぐに破れるので、ホームセンターで300円のゴム手袋を買うんです。滑り止めのブツブツのついた、作業用の分厚い素材です」

冬場の雪上バッティングでは、折れにくい竹バットを使う。芯を外した際に手のひらに伝わる激痛は格別だ。3年生は異口同音に「ヤバイ」と表現した。

ここで、取材開始当初から頭に浮かんでいた残酷な疑問を選手にぶつけることにした。雪が降れば気温は低くなり、視界は狭くなり、足場も悪くなる。日々奮闘する選手には申し訳ないが、そんな悪条件での練習に意味などあるのだろうか。

恐る恐る選手に聞いてみると、池はこう答えてくれた。

「雪の上でずっと打っていると、足元が凍って固まって滑ります。でもひと冬我慢して振っていると、いつの間にか下半身が強くなっているんです。春が来て土の上でバッティングすると、下半身がすごく踏ん張れて打球の質が変わったことを実感しました。冬の間、ずっとバットを振っていましたからね」

池の言葉通りに解釈すれば、滑りやすい足場で打撃練習をしているうちに足裏のグリップ力が増し、打撃力向上につながっているということなのだろう。

冬場、ただでさえ忙しい彼らの日常に、あるミッションが加わる。それは「雪かき」である。清翔寮は小路の奥に建っているため、寮の前だけでなく通りに面した近所の民家の前まで路上の雪をかく。付近には高齢者も多く住んでいるため、ありがたがられるそうだ。

他にも学校に要請があれば、スコップを持った野球部員が雪かきに駆けつける。関口監督は雪かきに出動する部員を「スノーバスターズ」と呼んでいる。

そうした地域貢献を日常的にしているからか、近隣住民から野球部員に声をかけられることも多いという。岡田は爽やかな笑顔でこう言った。

「盛岡の人は挨拶をしたらめっちゃいい反応で積極的に声をかけてくれるし、好意的でこっちまでうれしくなります。大阪の地元では、『知らん人に声かけるな』と言われてきたんですけど、こっちには変な人もいないから安心して声をかけられます。近所の人も、みんなのじいちゃん、ばあちゃんという感じで、いい人ばかりです」

県外出身ということで地域の人からイヤな言葉をかけられたり、不愉快な思いをしたりしたことはないか。そう問いかけてみたが、首を縦に振った3年生はいなかった。

苦労を一瞬で無にする「留学生のお陰」という偏見

2018年秋、2年生になり翌春センバツ大会に向けて県大会を戦っていた彼らの前に立ちはだかったのが、大船渡の佐々木朗希だった。

2年秋時点で最速157キロを計測した怪物は、盛岡大付の誘いを断った男でもあった。そんな佐々木に対抗するための秘密兵器が「ローキくん」だった。

ローキくんとは、最速175キロまで設定できる最新型のピッチングマシンである。1球ごとに速球と変化球を投げ分けられる優れもので、正月の人気テレビ特番『とんねるずのスポーツ王は俺だ!!』（テレビ朝日系）の企画『リアル野球BAN』でも使用されている。盛岡大付野球部には購入できる予算がないため、保護者会費でローンを組み購入してもらったのだ。

仮想・佐々木の意味合いを込めてローキくんと名づけられたマシンは、盛岡大付の練習に欠かせなくなった。球速を160キロに設定し、18・44メートルの投本間よりも前に出してセットする。当初は誰もバットに当たらず、「本当にこんなボールを投げる人間など存在するのか？」と半信半疑だったという。

だが、徐々にボールにかするようになり、今度は内野ゴロが転がり、さらにはフライが上がるようになった。こうしてローキくんを打ち込み、東北大会進出をかけた大船渡との準決勝に備えたのだった。

迎えた試合当日、盛岡大付の1番打者・峰圭哉が左打席に入り、佐々木が投じた初球のストレートをフルスイングした。すると峰は打席でベンチに向かって手を横に振った。それは「お手上げ」という意味ではなく、「いける」というサインだった。島上は峰の姿を見て、「速いけど当たるし、全然大丈夫や」と手応えを深めたという。

盛岡大付打線は佐々木から10三振を奪われたものの、10安打を浴びせて7得点を奪っ

おい！シャワーが止まったぞ!!
ウソだろ!?
なんで洗濯機を4台一気に使うんだよ!!
寒い寒いよぉ…

た。試合は7対5で盛岡大付が接戦を制し、東北大会出場を決める。6年前に大谷翔平を沈めたように、盛岡大付の強打が地元の逸材を粉砕したのだ。

その後、東北大会でも準優勝を収めた盛岡大付は春のセンバツ出場を手中に収めた。

しかし、こうして岩手で熾烈な戦いを繰り広げ、岩手を代表して甲子園に行くことになっても、「野球留学生が多いから……」という世間の冷ややかな視線にさらされることになる。関口監督は嘆息する。

「冬はマイナス10度を超えるなかで練習して、鼻毛がパリパリに凍って鼻では息が吸えないから口呼吸をするしかなくて、汗が凍ってつららになる……。そんな選手たちの姿を知っているのは、私たちだけなんです。でも、そんな彼らの努力も、中学校の名前が出た瞬間に『また県外の選手だって』という言葉でかき消されてしまう。それはちょっと寂しいですね」

「どこから来たか」ではなく「どこで汗を流したか」

2012年夏、決勝戦で宿敵・花巻東を破って迎えた岩手大会閉会式。優勝キャプテンインタビュー中にスタンドから浴びせられた「よっ、横浜瀬谷ボーイズ！」の心ない野次。心苦しく思いながら、関口監督に当時の話を向けると「そんなこともありましたねぇ」と懐かしそうな表情を見せた。

「決勝戦の次の日、学校にもたくさんファックスが来ましたよ。大谷を勝たせたかったファンからだと思うんですが、『あれはファウルだろう』と。レフトポール際のホームラン判定が微妙だということは、私たちももちろんわかっていました。でも、ファックスには『ファウルだと申し出ないのは、教育者じゃない！』と私を批判するような内容までありました」

おまけに、甲子園大会の閉会式では当時の高野連会長が「とりわけ残念なのは、花巻東の大谷投手をこの甲子園で見られなかったことでした」と発言。初戦で敗退していた盛岡大付にとっては、泣きっ面に蜂のコメントだった。

実は味方であるはずの校内にも、「地元出身者を増やしたほうがいいのでは」という職員の声も存在したという。だが、ある教員が毅然とこう言い放った。

「先生方は、他県から我が校を選んで来てくれることが、どれほどすごいことかわかっていますか？」

そして、教員はこう続けた。

「どこから来たかが問題なんじゃない。どこで汗を流したかが大事なんだ!」

この発言をしたのは、のちに校長に就任することになる赤坂昌吉さんだった。赤坂さんの理解ある言葉に、関口監督は「最高にうれしかった」と報われる思いがしたという。

盛岡大付には室内練習場もなく、資金力もない。だが、関口監督は「今さら室内練習場を積極的にほしいとは思わない」と考えているという。

「生徒が精神的に得られるものが大きいですから。誰もやっていないことをやってきたことは彼らの誇りになります。たしかに室内練習場で練習したほうが効率はよくなると思いますが、代わりに何か大事なものを失うような気がするんです」

精神論と言われるかもしれない。時代遅れと笑われるかもしれない。だが、関口監督は「漢らしさ」にこだわる。毎年、映画『出口のない海』を部員と鑑賞し、回天特別攻撃隊で出撃した戦時中の若者に思いを馳せる。

そしてもうひとつ、盛岡大付に選手が集まる大きな要因がある。関口監督の言葉を借りれば「出口を大事にしている」ことだろう。2019年度に卒業する3年生38人のうち、進路先で野球(軟式を含む)を継続する部員は35人もいる。関口監督は誇らしげにこう語った。

「たとえメンバー外の部員でも、チャレンジの道を作ることは大事だと思っています。それと岩手県外の大学に進んだ生徒が、就職する際に意外と盛岡にUターンするケースも多いんです。『彼女が盛岡にいるから』という理由もあるみたいなんですけど、それだけ盛岡を好きになってくれたのかなと思うとうれしいですね」

極寒の地で積む、漢の修行。その漢臭さに惹かれ、全国から盛岡の地を選ぶ部員が後を絶たない。そんな学校があることを、岩手の人々はもっと誇ってもいいのかもしれない。

Column 1

野球留学生輩出数ダントツ1位
——大阪中学球児のリアル

門真ビックドリームス

2004年に設立された中学軟式クラブチーム。設立時から指揮を執るのは、1971年生まれ、大阪府門真市出身の橋口和博監督。橋口監督の指導のもと、チームは着実に力をつけ、全国大会に4回出場している。19年にバッテリーを組んだ上加世田頼希、渡辺優斗はU-15日本代表に選出され、高校は敦賀気比（福井）に進学。

羽曳野ボーイズ

1987年に設立された中学硬式クラブチーム。1947年生まれ、愛媛県出身の山田朝生監督が、設立時から現在まで指揮を執る。2015年に全国優勝に果たすなど数々の成績を収めている。多くの卒団生が甲子園で活躍し、ダルビッシュ有（カブス）、太田椋（オリックス）、山下航汰（巨人）ら多くのプロ野球選手も輩出している。

中学球児53人中50人が留学希望

2019年5月。目の前に中学1年から3年まで計53人の球児が並ぶなか、私はこう問いかけた。

――このなかで、高校で寮生活を送りたいと考えている人は手を挙げてください。

わらわらと手が挙がる。1人、2人、3人、5人、10人、20人、30人……ほとんどの球児が手を挙げ、数えてみたら50人もの人数にのぼっていた。

多いだろうとは思っていたが、まさかここまでとは。私は驚きを隠せなかった。

手を挙げてもらったのは、大阪府門真市で活動する軟式クラブチーム・門真ビックドリームス(以下、門真)の球児たちである。

大阪では硬式クラブが主流ながら、軟式クラブも存在する。門真は毎年強打線を作り上げる、全国でも指折りの強豪である。2019年の侍ジャパンU-15代表には、在籍する2選手が選ばれている。

なぜ、私がそんなことを聞いたかといえば、全国の野球留学生のなかで、大阪出身者が圧倒的に多いからである。

古いデータだが、日本高等学校野球連盟(以下、高野連)の調査によると1996年から2005年の10年間で選抜高校野球大会、全国高校野球選手権大会に出場した高校には計916人の県外選手がいた。その出身都道府県トップ3は神奈川県57人、兵庫県59人、そして大阪府457人。大阪が突出した人材供給源になっている。その後、野球特待生問題が表面化し、入学金や授業料が免除される特待生は「各学年5名以下とすることが望ましい」と高野連から通知されるようになった。そのため、以前ほど極端ではないにしても、依然として大阪出身の野球留学生は後を絶たない。

門真で意識調査をした7カ月後、再びチームを訪れてみて驚いた。3年生15人中、府外の高校に進むのは11人だが、5月時点で「寮に入りたくない」と言っていた遊撃手の河上和真が長野の松商学園に進むことになっていたのだ。

「最初は大阪の高校に進もうと思ったんです。でも松商学園の話を聞いて、夏頃に練習を見に行って、すごくいい環境だったので行きたいと思いました。今は早寝早起きの習慣がつくように準備しています」

門真の選手にとっては、大阪を出ることは特別なことではない。上加世田頼希、渡辺優斗のU－15代表バッテリーと、クリーンアップを任される岡村颯樹の3人は福井の強豪・敦賀気比に進学する。

捕手の渡辺は「小学生の頃から寮生活に憧れがあった」と語る。中学1年時までは近畿圏の強豪に進みたい希望を持っていたが、敦賀気比から誘いを受け、進学を決めている。敦賀気比が門真同様に打力が強いチームカラーという点も魅力だったという。

上加世田は中学3年生にして最速142キロを計測する速球派として注目された。当初は大阪桐蔭への進学希望を持っていたが、「自分のレベルではまだまだ」と思い直し、府外に出ることを選択する。さまざまな高校から誘いを受け、最終的に神奈川の強豪と迷った末に敦賀気比に決めた。

「いい投手が何人もいて、自分の実力を伸ばせるチームだと思いました」

岡村の兄・匠樹がすでに敦賀気比に進学しており、上加世田と渡辺にも学校生活の情報が共有されているので不安はないという。

門真の橋口和博監督は、中学球児の進路決定についてこんな考えを持っている。

「この学校は守備がうまくないと試合に出られないとか、バットが振れないとレギュラーになれないとか、監督が厳しいとか、学校の特性と選手の相性を見て勧めます。でも、最後は子どもらが行きたいところに行くのが一番です」

選手たちにとっては「自分が行きたい学校に進む」という前提がある一方で、出身チームへの恩義も強いようだ。野球留学生に転じた河上はこうも語っている。

「ウチから松商に進むのは初めてなので、後輩たちの進路を広げられたらいいなと思います。1人目で失敗したら、そこで縁が終わってしまうかもしれないので」

なぜ大阪球児は需要があるのか

大阪は中学硬式クラブチームが盛んだ。大阪の高校野球関係者に「野球留学生が多い中学のチームは?」と聞くと、複数の人物が挙げたのが羽曳野ボーイズ(以下、羽曳野)である。ここはダルビッシュ有(カブス)の出身チームであり、ダルビッシュも大阪から東北(宮城)に進んでいる。他にも金森敬之(東京・東海大菅生↓元・日本ハムほか)、柳田将利(青森・青森山田↓元・ロッテ)、太田椋(奈良・天理↓オリックス)、山下航汰(群馬・健大高崎↓巨人)とプロ入りしたOBは全員府外の高校に進んでいる。

羽曳野での監督歴33年という山田朝生監督は、72歳を超えた今も指揮を執るベテラン指導者だ。山田監督に野球留学について聞くと、笑ってこう答えた。

「留学と言ったって、同じ日本じゃないですか。関係ないですよ。『この人のもとで野球をやりたい』という学校に行くのが一番じゃないですか。『県外だから』と批判するのは考えが古いでしょう。大学では地元の学校に進まなくても何も言われないのに」

ある年の甲子園には、羽曳野ＯＢが進学した８校が甲子園に駒を進めたこともあった。あるメディアは「羽曳野ボーイズ、甲子園で同窓会」と報じている。山田監督は特待生問題が社会的問題として報じられた際、高野連から「多くの野球留学生を輩出している羽曳野ボーイズの事情を聞きたい」とヒアリングを受けている。

大阪の野球留学生が全国の高校から重宝さ

設立当初から羽曳野ボーイズを率いる山田監督。

れる理由は何か。山田監督は「勝負強い子が多いからでは」と考えている。

「大阪は中学のチーム数が多くて、本格的な指導ができる指導者も多く、全国トップクラスのレベルだと思います。接戦の試合を戦うなかで『勝ちたい』という思いがすごく育っていくんやと思います。子どもにその気持ちがないと勝てない地域ですから」

山田監督の見方は高校指導者の証言とも合致する。八戸学院光星の仲井宗基監督は「関西人は自己主張の強さと野球のずる賢さがある」と語っている。

山田監督が留学先の高校を見る際、重視するのは強さや指導力以上に、「出口がしっかりしているか」だという。

「今の中学生や保護者は大学に進むことが当たり前の感覚になっています。入口だけの高校はいくらでもありますが、進路をしっかり面倒を見てもらえるか。出口がしっかりしている高校を最優先しますね」

2019年度の3年生は、11人中8人が大阪府外の高校に進学する。

赤瀬健心は兄2人が大阪の高校で野球をやっていたため、自身も自宅から通える高校に進むことを考えていた。だが、その心境に変化が生まれたのは、大阪の特殊な高校野球事情があった。

「やっぱり甲子園に行きたい思いが強くて。大阪はハードルが高いので。羽曳野は大阪の高校に行く先輩もほとんどいなくて、地方で甲子園を目指す人が多いので、僕も寮生活をすることにしました」

赤瀬は身長180センチ、体重60キロの長身痩躯の外野手。「高校で活躍して『すごい』と言われる選手になりたい」と意気込む赤瀬は、誘いのあった下関国際（山口）へ進学することにした。奈良の天理に進学する藤森康淳も「高校数の多い大阪で甲子園に行くより地方のほうが確率は高いので、大阪を出ることは決めていた」と語る。甲子園に出場するチームがある程度絞られている地域の高校に進む傾向があるようだ。

「彼氏を失う」と涙する球児の母

一方、送り出す保護者は野球留学に対してどのような認識を持っているのだろうか。門真、羽曳野の両チームの保護者に聞くと、そもそも野球留学を特別なものととらえていないことがうかがえた。

「本人が最初から『府外に行きたい』と言っていたので、行くもんやとあわてることはなかったです」（門真・渡辺由香さん）

「若い頃から自立することはいいことやし、大人になれば単身赴任とか一人でやっていかないといけないこともあるでしょうから」（羽曳野・小北哲也さん）

また、門真の上加世田美鈴さんが「主人も高校時代に親元を離れて学んだので」と語るように、二代続けて留学生というケースも珍しくはないようだ。門真の北尾学さんは自身が平安（現・龍谷大平安）に進学し、息子も母校に進学することになった。北尾さんは意外にも「できれば母校には行ってほしくない」と思っていたという。

「生半可な気持ちで入ってはいけない学校なので。でも、本人は甲子園優勝を見て『平安でやりたい』と口にするようになりました。どっちみち高校に行くなら、一人の人間として尊敬できる原田英彦監督のもとで力を試したらどうか、となりました」

このように留学することを肯定的にとらえ、子どもの「留学したい」という希望を尊重する声が大勢を占めた。

そんななか、「寂しい」と本音を漏らす母も多い。江村深春さんは双子の息子がともに羽曳野に所属し、孔稀は埼玉栄(埼玉)、衛孟は興國(大阪)に進む。兄弟仲は悪いわけでないが、「ポジションも同じ外野なので、チーム内で比べられるのがイヤなようです」と別々の道を歩むことになった。大阪から応援に駆けつける交通費の負担も馬鹿にならないが、それ以上に喪失感が大きいと江村さんは語る。

「お風呂に入ったら涙が出てきます。彼氏がいなくなる感じかなぁ。息子がいなくなるなんて考えられへん。私、早くボケるんちゃうかなとか考えてしまいますね。母が早く子離れせなあかんなと思います」

すでに息子が野球留学した経験を持つ母は、こんな切ない体験談を語ってくれた。

「携帯電話が持てない学校は不安になりますよね。たまに息子からかかってきた電話を取り損ねたときは『うわぁ～』と落ち込みますから。でも、息子から電話で『ありがとう』と言われることが増えるのはうれしいんですよね」(門真・貴志洋子さん)

また、息子が門真から大阪府内の高校に進学した伊藤まゆみさんは、「大阪人の気質」についてこう語ってくれた。

「私はよその土地から大阪に来たんですけど、大阪の人はとにかく負けず嫌いで驚きました。その上、プラス思考で楽天的。お母さんのパワーものすごいですよね。『大阪のおばちゃん』の打たれ強さには、私も大いに刺激を受けました」

この取材後、私は門真のお母さま方に写真を撮るようリクエストを受け、言われるがままカメラを向けた。思い思いに〝決め顔〟を作る母たちの姿を見て、その旺盛なエネルギーを感じずにはいられなかった。

大阪の野球留学生が多い6つの理由

門真ビックドリームスと羽曳野ボーイズでは、他にも多くの指導者、選手、保護者の話を聞くことができた。本書で取材した内容を含め、「なぜ大阪に野球留学生が多いのか？」という理由を考察してみた。私が考えたのは、次の6点である。

①大阪は甲子園球場（兵庫県西宮市）に高校野球を頻繁に見に行ける環境にあり、憧れが強固になるため。また、甲子園出場選手の力量を把握しやすいため

②大阪桐蔭と履正社という2校の実力が突出しており、両校に進めない力量の選手は大阪に留まっていると甲子園に出られる可能性が低いため

③大阪の選手は中学時代から高いレベルで揉まれており、「勝負度胸がある」「野球をよく知っている」と地方の指導者から評価されているため

④野球留学する先輩の事例が多く、選手、保護者の間でも情報が共有されており、不安が軽減されるため

⑤地方の高校は学費が安く、寮費を払っても近畿圏の私学に通うより経済的に安心

感があるため

⑥野球留学生に対して成功体験を持つ東北福祉大OBの指導者が、積極的に野球留学生を受け入れるため（88ページ参照）

当然のことながら、大都市になれば人口が多くなり、競争率が高くなる。2019年夏の大阪大会は174チームが参加したが、鳥取大会は23チーム。単純に比較すれば、地方に出たほうが甲子園に出場する可能性は高くなる。

一方、東京も多くの人口を抱えているが、野球留学生が大阪に比べて少ないのはなぜか。東京は西東京なら日大三、東海大菅生、早稲田実、東東京なら関東一、二松学舎大付、帝京のような甲子園を狙える強豪がひしめき、戦力が分散する。さらに夏の甲子園は東東京と西東京の2校が出場できるという優位性もある。滋賀学園の山口達也監督は「大阪も2代表制になったら今より府外に出る選手は減ると思う」と語った。

6点の要因を挙げたが、それでもまだ大阪の野球留学生がダントツに多い理由としては弱いような気がしてならない。大阪ならではの文化、民族性も影響しているのではないか、と私は考えた。

たとえば、大阪は1920年代に日本中から労働者が集まり、人口が世界6位まで上昇した「大大阪」と呼ばれた時代がある。別の土地から大阪に移り住んだ者が多く、外に出ることへの抵抗が少ないのではないか。また、地方ほど「家を継ぐ」という意識が薄いのではないか。そんな推論を立ててみた。

そこで現代民俗学を研究している関西学院大の島村恭則教授に、この仮説について感想を聞いてみた。島村教授は「この説は実証ができず、飛躍の度合いが高いと思います」と述べ、こう続けた。

「大阪に移住者が多いことは事実ですが、その後、世代が交替して定着が進むと意識も変わる可能性があります。そもそも野球留学する子どもが長男であるとは限らないので、家の継承と結びつけるのは難しいでしょう」

大阪から野球留学生が多い理由は、まだ謎に包まれている部分もある。それでも、大阪から野球留学をすることはすでに「当たり前」という空気になっている。今後も大阪が高校野球界の人材供給源であり続けることは間違いなさそうだ。

甲子園を夢見て力強い打球を飛ばす門真ビックドリームスの選手。

第3章

健大高崎（群馬）

全国から選手が集まる“県外高崎”
高い志で挑む「機動破壊」のその先

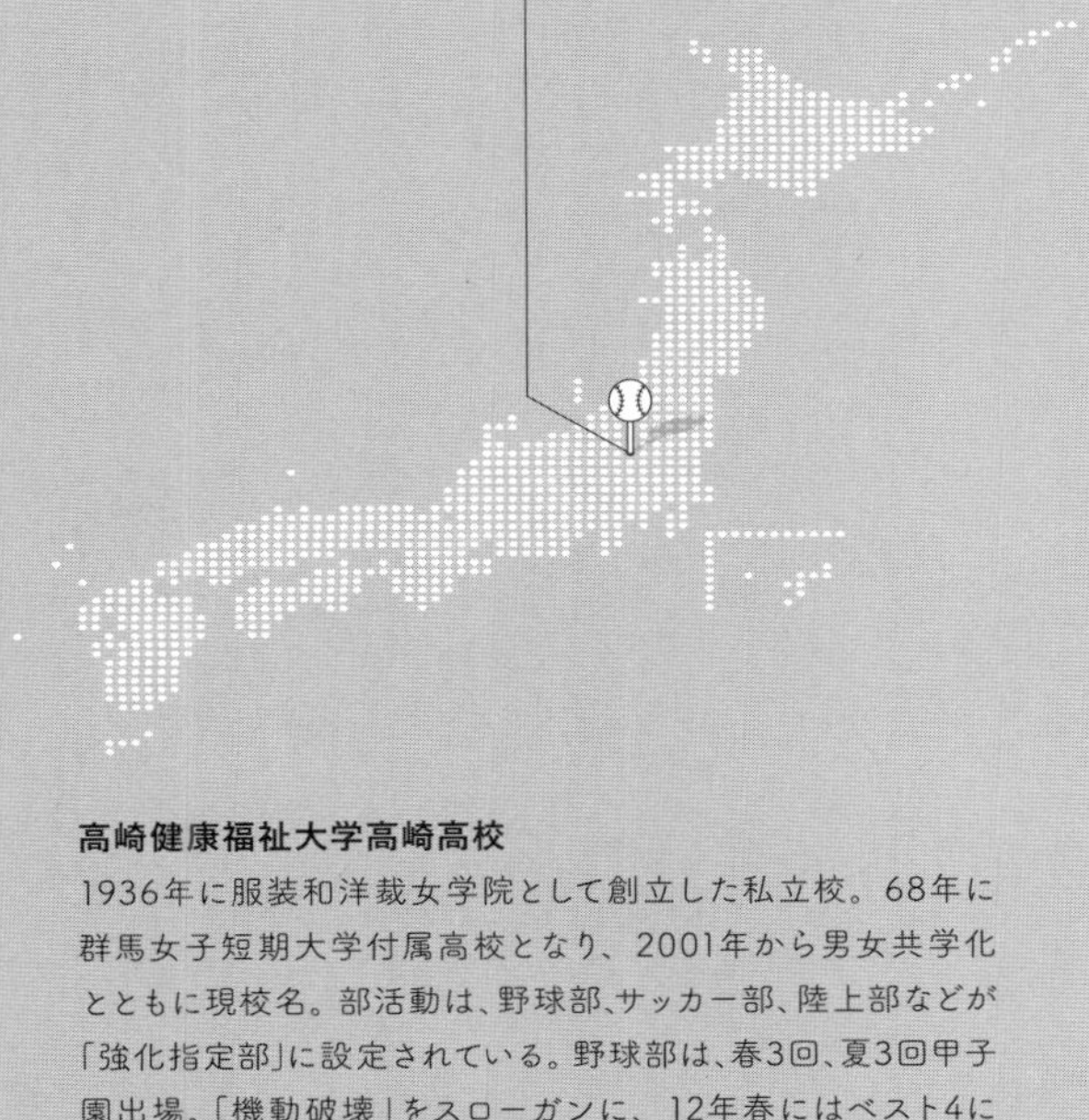

高崎健康福祉大学高崎高校

1936年に服装和洋裁女学院として創立した私立校。68年に群馬女子短期大学付属高校となり、2001年から男女共学化とともに現校名。部活動は、野球部、サッカー部、陸上部などが「強化指定部」に設定されている。野球部は、春3回、夏3回甲子園出場。「機動破壊」をスローガンに、12年春にはベスト4に進出している。OBに三ツ間卓也（中日）、柘植世那（西武）、山下航汰（巨人）ら。

—

学校所在地：群馬県高崎市中大類町531

—

寮費：月56,000円

22 都道府県から集まる「県外高崎」

「ウチは『県外高崎』と呼ばれていましたから。選手の半分は県外出身で、半分は県内出身。選手のほとんどが群馬出身の前橋育英さんとは真逆ですよね」

健大高崎の青柳博文監督は、ネタなのか本気なのかわからないトーンでそう言った。正式名称は高崎健康福祉大学高崎高等学校。常にフルで表記すれば腱鞘炎を起こしそうなほど長く、学校を知る人々の間では「健大」とスリムに略される。

前身は群馬女子短大附属高校という女子校だったが、2001年度より男女共学になった。本格的に野球留学生の募集に力を入れるようになったのは、野球部のグラウンドが完成し、学校にアスリートコースが新設された2007年頃から。それまでは群馬県内の選手中心に構成していた。

健大高崎の校舎は高崎健康福祉大キャンパス内にある。付近には高崎から茨城県までをつなぐ国道354号線や関越自動車道の高崎インターチェンジもあり、車両の往来も激しい。しかし、野球部グラウンドは、その付近にありながら利根川水系の井野川と一貫堀川、さらに田畑に囲まれたのどかな場所にある。一帯の雑木林を切り拓いてグラウンドを作ったという。

グラウンドがなかった苦難の時期があったとはいえ、現在の設備は豪華そのもの。世間が抱く「強豪私学」のイメージにピッタリとはまるはずだ。

専用グラウンドは両翼95メートル、中堅110メートル。光量の強い照明灯は外野まであり、平日でもナイトゲームが実施できる。4投手が同時に投球練習できるブルペンに、全面人工芝の室内練習場、機器の揃ったトレーニングルーム。さらに、イチローが通っていたことで知られる鳥取のジム・ワールドウィングから機器をレンタルした、初動負荷トレーニングセンターまである。野球部が使う寮は2棟あり、寮費は1日3食つきで月額5万6000円と手頃だ。

指導者は青柳監督をトップに、外部指導者も含めて10名のスタッフが連なる。これだけの施設・陣容を見れば、北は北海道、南は沖縄まで全国津々浦々から選手が集まるのもうなずける。ちなみに、2019年度部員の出身地を列挙してみよう。群馬、北海道、宮城、福島、茨城、栃木、埼玉、千葉、東京、神奈川、山梨、新潟、愛知、岐阜、三重、滋賀、京都、大阪、兵庫、奈良、岡山、沖縄。実に22都道府県にわたる。ここまで幅広い範囲から集まるチームは健大高崎以外にないのではないか。青柳監督にそう伝えると、こんな反応が返ってきた。

「大学のように、全国から『来たい』と言われる学校にしたいので、県外の人にも魅力を感じてもらえたらうれしいですよ」

県内生で固めるチームを否定するわけでもなく、県外生が大半を占めるわけでもない。青柳監督は「『共存共栄』がウチのキーワード」と言って、こう続けた。

「ラグビーのワールドカップを見て、すごく勇気づけられたんです。たとえ外国籍の選手だろうと、日本代表として国をかけて戦って、日本中から応援されたわけじゃないですか。日本にまたグローバル化の波が来たなと感じましたし、それに比べれば高校野球の『ガイジン部隊』なんて小さな話ですよね」

青柳監督自身は、公立の伝統校・前橋商出身の群馬県民である。群馬出身の人間も、県外出身の部員も互いに刺激を受けることで成長していく。それが健大高崎の「共存共栄」という思想なのだ。

とはいえ、群馬県でこのようなチームをつくることは一筋縄ではいかない。「批判を浴びることも多かった」と青柳監督は振り返る。

まず、群馬県の高校野球は長らく公立校の天下が続いていた背景がある。2000年代に入るまでは野球どころの前橋、高崎、桐生という3都市の公立高校が時代を築き、人気を集めた。オールドファンの多くは、これらの高校のファンである。

また、群馬の野球は昔から「守備」を重要視する。1999年夏に県勢初の日本一に輝いた私学の桐生第一にしても、福田治男監督（現・利根商監督）が「守りの野球」を標榜していた。2013年夏に日本一を成し遂げた前橋育英も「超攻撃的守備」を掲げている。荒井直樹監督は「守備は群馬の県民性に合っているのかもしれない」と語っていたことがある。その根拠はこうだ。

「群馬は冬場にからっ風が吹きますけど、厳しい強風のなかでもじっと我慢して練習するんです。『守りの野球』って、ある意味『我慢』という側面もあるじゃないですか。こうした『我慢』がウチの野球なのかなと」

私学も公立校も守備を固める傾向があり、攻撃に関しては「1死からでも送りバントでランナーを進める手堅い野球」（青柳監督）をする。「守備を好む＝保守的」という図式に当てはめてしまうのは、短絡的かもしれない。だが、「機動破壊」という攻撃野球を前面に押し出す健大高崎が浮いてしまったのは確かだった。

個人的な話になるが、私は母親が高崎市出身ということもあり、親族が高崎に住んでいる。彼らの口から、まるでネタのように漏れた「県外高崎」という蔑称も実際に耳にしたことがある。古き良き高校野球を愛する層にとっては理解しがたく、異端のチーム。それが健大高崎なのかもしれない。

「機動破壊」は滅びてしまうのか？

健大高崎は甲子園で優勝したことはない。それでも高校野球界で全国的な知名度を得ているのは、「機動破壊」というキャッチフレーズが浸透したからだろう。青柳監督も「機動力のイメージがついたことはよかった」と振り返る。

「学校名を覚えてもらえたので、生徒募集をする際にも受け入れてもらいやすくなったと思います」

3年生の辻憲伸は三重の桑員ボーイズ出身。中学時代には侍ジャパンU－15代表に選ばれたエリートでもある。辻は中学3年春に健大高崎から勧誘を受けた際、真っ先に「機動破壊」のイメージが頭に湧いたという。しかし、入学してみると自分の描いた「機動破壊」とは少しズレがあることに気がついたと辻は言う。

「『機動破壊＝盗塁』みたいにとらえていたんですけど、いざ入ってみたら偽走（盗塁のポーズをしてバッテリーを揺さぶること）や雰囲気出し（いかにも盗塁をするような雰囲気でリードを取りながら実際にはスタートを切らないこと）など、盗塁にいくまでの過程がたくさんあることを学びました。いろんな揺さぶりがあってこその『機動破壊』なんだなと感じました」

バッテリーがランナーに走られまいと過剰に意識することで、配球がストレートに偏り、打者が狙い球を絞りやすくなる。このように攻撃の主導権を握ることこそ、機動破壊の真骨頂なのだ。

しかし、そんな機動破壊の礎を築いた2名の名物コーチが、一身上の都合でチームを離れた。また、2018年頃から打撃力を重視するチーム方針が取られるようになっている。もしかして「脱・機動破壊」が進んでいるのか。青柳監督に聞いた。

「世間のイメージでは、『健大高崎といえば機動破壊』ということになっていますが、機動力はあくまでも攻撃の一部です。まず塁に出ないことには走れません。それに、機動力を重視した野球で最近は勝てていないという現実もあります。これからは『機動破壊』の基礎は残しつつ、その先に行かないと勝てないと考えています」

2018年には1番に高校通算75本塁打を放った山下航汰（現・巨人）を据え、先発出場9人の高校通算本塁打数を足すと200本をはるかに超える強打線を形成した。このチームを見て健大高崎に入学したのが、1年生ながら現チームで中軸に座る小澤周平（神奈川・横浜南ボーイズ出身）である。

「健大がバッティングのチームだから入学しました。練習時間の多くがバッティング練習で、自分にとって最高の環境だと思ったので」

2019年度からは強打の盛岡大付で打撃論を学んだ、赤堀佳敬コーチがスタッフ陣に加わった。赤堀コーチはおもに打撃を指導し、その効果は早くも現れ始めている。27歳の青年指導者・赤堀コーチは野心に満ちた表情でこう語った。

「1年生だけで20人以上サク越えを経験していますし、1年生全体で85本（2019年11月20日時点）本塁打を打っています。これから楽しみな選手ばかりなので、ぜひ注目してください」

打撃を重視しているとはいえ、決して走塁を軽視するようになったわけではない。2年生の現チーム主将である戸丸秦吾は言う。

「今でも走塁練習はキャッチボール前に必ずやります。先輩から受け継いだ健大高崎の伝統を崩さず、相手に走塁のイメージを植えつけられるよう練習しています」

2020年から健大高崎は新たなキャッチフレーズ「スペクタクルベースボール」を掲

げることになった。発案者の青柳監督は言う。

「我々が目指すのは、大仕掛けでファンを喜ばせて球場全体を味方につける野球です。機動破壊を受け継ぎながら、相手に『健大は何をしてくるかわからない』という恐怖感を植えつける。つまり、機動破壊の進化形がスペクタクルベースボールなんです」

健大高崎の野球は少しずつ中身を変えながら、パワーアップを続けている。

地元密着型・前橋育英に勝てない理由

好選手が集まり、環境的にも恵まれている。だが、健大高崎のすべてがうまくいっているわけではない。

ライバル、天敵、仇敵、鬼門、不倶戴天……。そうしたたぐいの言葉を結集させたような存在が、前橋育英である。

ハブとマングースどころの関係ではない。ジャンケンでいえば健大高崎がグーで、前橋育英がパー。つまり、それくらい分が悪い。2015年以降、公式戦での直接対決は健大高崎の1勝10敗。青柳監督の苦悩は深い。

「一番は選手の気持ちと技術のバランス。力があっても、試合で発揮できなければ意味がない。育英さんが大事な試合でのびのびとプレーしているのに対して、ウチは硬くなってしまう……。この差は受け止めないといけないと思います」

個々の力は健大高崎が上でも、普段着野球に徹する前橋育英に対し、健大高崎はどこかぎこちなく構えてしまう。前橋育英の前に辛酸をなめ続けてきた辻は言う。

「相手が育英だからと変に気合いが入ってしまって、いつもできていることができない。でも、育英はいつも通りできることをやってくる。その差があると思います」

前橋育英が球場に作り出す雰囲気も苦戦の大きな要因だ。とくに前橋市にある上毛新聞敷島球場での試合は、健大高崎にとっては「敵地」になる。大阪出身の森新太郎（枚方ボーイズ出身）はこう証言する。

「敷島で決勝戦があると、もろアウェーですね。群馬県民は育英が好きだし、健大は県外生が多いので、気持ちはわかるんですけど。育英の攻撃になるとスタンド全体でタオルを回されるので、球場全体がバーッと回る錯覚を起こすんです」

地元びいきのファンがなびきやすい両校の関係がある上に、さらに前橋育英の華やかなスタンド応援が後押しすると青柳監督は言う。

「育英の応援はベンチにいても重圧を感じます。オリジナルの応援歌があって、ブラスバンドも素晴らしくて、一体感がありますから」

チームカラーも運営方針も対照的な両校だが、これまでは露骨にライバル心をむき出しにすることはなかった。前橋育英の荒井監督も「健大さんの機動力に対抗するために、群馬の守備のレベルは絶対的に上がりました」と称える。健大高崎サイドも前橋育英をリスペクトする姿勢が目立った。だが、ここにきて若干の変化が見える。青柳監督は「これだけ育英さんにばかり負けていたら、意識しないなんて言っていられません」と熱を込める。

「慶應義塾高と練習試合をしたとき、いかに慶應が早稲田という存在を意識して、高め合ってきたかを感じました。早慶戦のように、思い切り意識するのもいいと思ったんです。今は選手にも、あえて育英を意識させるようにしています」

同時期に台頭してきた前橋育英と健大高崎。二強の関係が今後どのように変容していくのか。それは群馬県の趨勢をも左右するはずだ。

実は地元から愛される「健大トゥギャ崎」

前橋育英がベビーフェイス、健大高崎がヒール。一般的にはそのように認知されているのだろう。

私自身もそう思っていたのだが、健大高崎のグラウンドに足を運ぶたびに、意外に思うことがあった。グラウンドで行われる練習試合や紅白戦に、毎回決まって大勢のギャラリーが訪れているのだ。

健大高崎のベースボールキャップをかぶった年配の男性をはじめ、バックネット裏付近の座席をファンが埋める。彼らは健大高崎の後援会に入会して、チームを後方支援しているという。青柳監督はうれしそうにこう語る。

「定年退職した近所の方ばかりで、いつも熱心に応援してくださっています。バックネット裏は満員になるんですよ。応援してくださる方々と一緒に焼肉を食べるイベントもあるんです」

健大高崎は野球部の公式ホームページで練習試合の予定を公表している。強豪校のなかには偵察や情報漏れを恐れて、練習試合の予定や結果を非公開にしているチームも少なくない。だが、健大高崎は試合結果も開示している。そこには、「いかに喜んでもらえるかを考えている」という青柳監督の考えがある。

2019年の夏前には星稜（石川）と東海大相模（神奈川）との変則ダブルヘッダーを組んだ。星稜にはドラフト1位で3球団が競合した奥川恭伸（ヤクルト）がおり、東海大相模も全国区の人気チームである。「300〜500人ほどお客さんが入って、超満員でした」と青柳監督は目を丸くした。

こうした情報公開をきっかけに、健大高崎の応援にのめり込むファンもいるはずだ。たとえ一部で「県外高崎」と揶揄されても、地元・高崎に愛されるチームになりたいという思いは強いのだ。2020年からはグラウンドのフェンスに「高崎から日本一」と染め抜かれた横断幕が張られている。

甲子園で勝ち星を挙げると、勝利校は試合後に校歌を斉唱する。健大高崎は「Be together」という、校歌としてはセンセーショナルな歌詞で始まる。他にも「W ｏｗ Ｗｏｗ」というフレーズも登場。インパクト絶大の校歌から、一部ファンの間では「健大トゥギャ崎」という隠語もあるほどだ。

校歌を歌い上げた後、選手たちはバックスクリーンに向かって深々と礼をする。その際、健大高崎のスタッフ陣は「高崎で応援してくれている人に『ありがとうございました』という思いを込めて礼をしなさい」と指導しているという。

野球留学に抵抗がない東北福祉大ネットワーク

本書ではここまで八戸学院光星、盛岡大付、健大高崎の3校が登場している。この3校には共通点があるのだが、お気づきだろうか。

それは、3校とも監督が東北福祉大出身ということだ。

これは決して偶然ではない。高校野球界には他にも東北福祉大出身の指導者は多いが、その多くは野球留学生を多く受け入れている学校である。たとえば、岡本幹成監督（埼玉・聖望学園）、金沢成奉監督（茨城・明秀学園日立）、岩井隆監督（埼玉・花咲徳栄）、荒木準也監督（山形・日大山形）、堤尚彦監督（岡山・おかやま山陽）など。健大高崎は青柳監督

だけでなく、生方啓介部長も東北福祉大OBである。

東北福祉大出身の指導者がいる高校は、なぜ野球留学生が多いのか。青柳監督に聞いてみた。

「私たちの恩師である伊藤（義博）監督は大阪出身で、東北福祉大の野球部も関西出身者が多くいました。その教え子が卒業後に関西に戻って、中学硬式クラブの指導者をやっているケースが多いんです。OB同士のつながりから選手を送ってもらえることもあります。そんな東北福祉大ならではの流れがあるのではないでしょうか」

2002年に急逝した伊藤監督は東都

大学リーグの芝浦工業大出身で、母校の桜宮（大阪）の監督として実績を残した後、東北福祉大の監督に就任した。東京六大学リーグ、東都大学リーグの名門に追いつき、追い越せ。大号令をかけて強化するなかで、伊藤監督が大阪で高校野球の監督をやっていたネットワークから、関西出身の選手が自然と集まっていった。そのなかには大阪出身の矢野燿大（現・阪神監督）のようなプロに進む選手もいた。口さがない大学野球ファンからは「関西福祉大」と揶揄されることもあったという。

東北福祉大は1991年に全日本大学野球選手権で初優勝を飾り、大学球界屈指の強豪にのし上がる。こうした過程のなかで、東北福祉大ならではの「反・中央」という反骨心とOB同士の連帯感が醸成された。そして彼らは、さまざまな土壌の文化が混じり合うと爆発的なエネルギーを生み出すことを、成功体験として学んだのではないだろうか。だから、東北福祉大出身の指導者は野球留学生に対して寛容、いや、それ以上にメリットがあると感じているはずだ。

盛岡大付の関口清治監督はこう語っていた。

「私が築いたネットワークのほとんどは、大学時代に培った人脈です。東北福祉大はOB同士のつながりを大事にしているので、たとえば『ウチではとれない選手だけど、そっちでとれないか？』というような話も回ってくるんです」

高校野球界での野球留学生を語る上で、「東北福祉大」は切っても切れないキーワードなのだ。

「三重は東海なのか、近畿なのか？」問題

2019年度の健大高崎には、100名の部員がいた。学年別の内訳は、3年生37名、2年生30名、1年生33名。女子マネージャーは別途10名（3年生3名、2年生2名、1年生5名）が在籍した。1学年30名を超す大所帯だが、今後は枠を若干減らして、25名程度にする予定だという。

彼らが健大高崎に進学したのは、多くが「スカウトされたから」という理由だった。だが、それがすべてではない。前出した森は大阪の名門・枚方ボーイズ出身で、これまで枚方ボーイズから健大高崎に進む選手はいなかった。

「中学2年のときに甲子園で健大高崎の試合を見て、他の高校にはない魅力を感じたので自分から『健大高崎に行きたいです』とお願いしました。僕は知っている人がいないと

ころでチャレンジしたい性格なので、枚方ボーイズから初めて健大に行きたいと思ったんです」

枚方ボーイズは全国各地に選手を輩出している。森の学年は約35人の部員がおり、7割以上が高校で寮生活を送ったという。大阪を出ることへの抵抗はなかった。

群馬の藤岡ボーイズに所属した川村貢は、1歳上の姉が健大高崎野球部のマネージャーをしていた縁から「学生コーチとして野球を学びたい」と門を叩いた。1年時は選手としてプレーし、以降は学生コーチとして縁の下の力持ちになった。

健大高崎に誘われながら、進学するか悩んでいたのは、地元・高崎中央ボーイズで投手をしていた清水太一である。

「地元の公立にするか、健大にするか悩みました。健大は群馬で一番強いイメージがあったので。でも声をかけてもらえて、『甲子園に行きたい』という思いが強かったので健大に進みました」

川村、清水はともに寮ではなく、自宅から通うことになった。

前述の通り、健大高崎は全国津々浦々から部員が集まってくる。群馬出身の川村、清水がとくに戸惑ったのは、関西系のノリだった。

「初めて話したときは、聞いたことのないしゃべり方でビックリしてしまいました。なんというか、モノの言い方が強いんですよね」（清水）

「関西人はどんどん前に出てきて、群馬は一歩引いている感じでした」（川村）

一方、大阪出身で積極性のある森は、「意地でも関西弁を残したい」と心に決めていた。群馬で野球をやる覚悟は決めても、関西人としての魂まで失いたくない。関西弁こそ、森にとってのプライドであり、アイデンティティーだった。

関西出身の選手について、青柳監督はこんな見方をしている。

「ガツガツと前に出ていける気質がありますよね。すべての関西人がそうではないですし、たまに暴走しすぎて和を乱してしまうこともありますが、特徴をわかってやれば力を発揮してくれます。最初は関西で固まってしまう傾向もあるんですけど、だんだん融合していって、いい感じになるんです」

また、健大高崎には三重に縁のある指導者がいたため、三重から進学する選手も多かった。前出の辻も三重出身で、後にチームの主軸に座る伊藤雄紀も三重の強豪・四日市ボーイズ出身だった。

高校野球では三重は「東海地区」に振り分けられ、三重の上位進出校は静岡、愛知、岐阜の代表校と東海大会に出場する。しかし、地理的には近畿の滋賀、京都、奈良、和歌山と隣り合っており、大阪にも近い。それゆえ、三重は近畿地区とカテゴライズされることもある。三重は東海地区なのか、近畿地区なのか、それとも中部地区なのか。これまでもさまざまな議論を読んだ国民的テーマを健大高崎の選手にぶつけてみると、興味深い回答があった。

群馬県出身者は「関西人と変わらない」と語り、辻や伊藤らの三重勢は「関西寄りなので、方言もそっちっぽい」とやや西に寄せてきた一方、大阪出身の森は「関西側としては一緒にしてほしくないというか……」と冗談めかして笑った。三重に限らず、一口に「関西弁」といっても、地域ごとに微妙な違いがある。こだわりの強い人は「関西弁」とは言わず、「大阪弁」「京都弁」などと地域を細かく区切る。私のような関東の人間からすると、どれも似たりよったりに聞こえてしまうのだが、それだけお国言葉を大事にしている裏返しでもあるのだろう。

なぜかケチャップとマヨネーズが使えなかった1年生

高校生活がスタートすると、高崎の自宅から通う清水は寮生のハングリーな姿勢に強いショックを受ける。

「県外の子は目つきからして違うし、オーラがあるんです。遠くから群馬に来て、覚悟を決めているのだろうと感じました。慣れない寮生活で洗濯とか身の回りのことをやるのに苦しんでいる姿も見て、自分も家でできるだけ親に頼らずに、洗濯も自分でやっていました。そういう面から寮生に追いつけるようにしたかったんです」

寮生には寮生の苦しみがあった。兵庫県の宝塚ボーイズから「頭を使う野球に面白さを感じた」という理由で健大高崎に進んだ山内陽太はこう振り返る。

「最初は結構理不尽に感じる上下関係がありました。1年生はケチャップやマヨネーズが禁止されていたり、テレビの見やすい場所に座るなと言われたり……」

昭和期の強豪野球部の壮絶な寮生活を思えば微笑ましいローカルルールだが、幸か不幸か彼らが2年生になるとこのルールは撤廃される。それは寮生活である不祥事が起きたからだ。

寮で2年生が1年生に暴行を働いたため、対外試合自粛へと追い込まれた。それぞれの立場に「正義」があり、言い分がある。当事者の1年生はその後転校しており、片側の言い分しか伝えられないこの場では内容をつまびらかにすることは避けたい。

個人的には、血気盛んで未成熟な15～18歳の少年がひとつの集団になれば、年間通していさかいが何も起きないほうが不自然とさえ思う。だが、健大高崎でおもに下級生を指導する沼田雄輝コーチの考えは違った。

「野球で結果を残すことを一番の目的として集まってきているわけですから、たとえ問題があっても『それ（暴力）は必要なのか？』と考えられなければ、本気で野球に取り組んでいないのと一緒です。私からすると考えられないです」

沼田コーチは岩手の一関学院で長らく監督を務めた沼田尚志さんの息子で、高校は花巻東に進んでいる。メジャーリーガーの菊池雄星（マリナーズ）は1学年後輩にあたる。

青柳監督は、寮での一件をきっかけに寮生活のあり方を見直した。

「応援してくれる人を裏切る形になり、本当に申し訳なく思っています。この件を次に生かすために、上下関係のあり方を改めました。自分のことは自分でやる。上級生や同期生の間でコミュニケーションを取る。そのあたりはだいぶ大人になってきました」

挨拶など最低限の礼儀は保った上で、上級生が率先垂範する形になった。以来、下級生を取材していても「先輩やOBから技術を教えてもらった」というコメントがよく聞かれるようになった。

残酷な現実を目の当たりにした高校最後の夏

辻が主将となった2年秋以降、彼らは苦しい時期を過ごした。1学年上はプロ入りする山下らタレントがひしめいたが、自分たちの代にプロスカウトから注目されるような逸材はいない。県大会では秋、春と前橋育英に連敗した。

それでも、選手たちには毎日厳しい競争をくぐり抜けている実感があった。大阪出身の森は、3年春の関東大会では18人のベンチメンバー入りを果たしたものの、夏は厳しい争いになると踏んでいた。「3年生が最低3人は漏れるとわかっていたので」。例年、健大高崎は春の大会を「3年生の大会」と位置づけ、3年生中心の編成になるが、夏には力のある下級生もメンバーに入ってくることが予想されたからだ。

夏のメンバー争いのなか、森は決死の覚悟で毎日を過ごした。

「失うものは何もないので、不安はありませんでした。自分が打てればベンチに入れるわけですから、毎日捨て身で『後悔しないようにしよう』と練習していました」

だが、森のなかでは結果を残したつもりでも、評価するのは首脳陣である。メンバー入りをかけた大事な練習試合を前に、森は1軍にあたるAチームに昇格できなかった。この時点で、森のベンチ入りは断たれた。

「Aに上がれないとわかったときが、一番つらかったですね。大学のことは考えずに、高校野球で燃え尽きようと思ったのに、悔いが残ってしまって……」

青柳監督としても、毎年ベンチ入りメンバーを決める際は断腸の思いだという。

「今年は人数も多かったし、みんな懸命にやっていたので、選ぶほうもつらかったですよ。本当に苦渋の決断でした」

迎えた高校最後の夏。彼らを待っていたのは、さらなる試練だった。前橋育英の対抗馬に挙がっていたにもかかわらず、初戦で伏兵の高崎商大付に7対9で敗退。守備のミスからピンチを広げ、相手の大応援に呑まれて実力を発揮できなかった。

主砲の伊藤は敗因をこう語る。

「春も育英に負けて準優勝で、育英に勝ちたいという思いだけで夏に入っていきました。その足元をすくわれたのだと思います」

主将の辻は、この結果をしばらく受け止めきれずにいた。

「高校に入ってから1回も甲子園に行けてなくて、最後の夏に行きたい思いは強かったんです。夏に合わせて仕上げてきたなかで、自分たちのミスから失点を重ねてこの結果だったので……。悔いの残る試合でした」

高校野球には判官びいきの文化がある。弱者が強者を破る「番狂わせ」にスタンドは拍手喝采を送る。だが、番狂わせを起こされたサイドに立ってみると、これほど残酷で屈辱的なものはないだろう。親元を離れ、慣れない土地で慣れない家事に追われ、生き馬の目を抜く厳しい競争にさらされる。そんな高校生活のエンディングが初戦敗退では、あまりに報いがない。もちろん、全国で努力していない野球部を探すほうが難しいのだから、当然起こりうる結果でもあるのだが。

群馬県民の応援で波乱を起こした関東大会

引退後、3年生の多くは大学野球のセレクションを受けるなどして、進路を決めていく。主力の辻は東海大、伊藤は愛知の名城大に進学することになった。夏のベンチ入りを果たした山内は関西に戻り、関西六大学リーグの龍谷大へ。ベンチ入りを逃した高崎出身の清水は国士舘大で準硬式野球を続け、学生コーチの川村は東北福祉大で再び学生コーチに就くことになった。

また、「高校で野球をやめよう」と考えていた森は、一転して大学で続ける道を選んだ。森は「最後にベンチに入っていたら、『もうええかな』となっていたかもしれません」と笑う。進学先に選んだのは、滋賀にあるびわこ成蹊スポーツ大。健大高崎から同大に進学する選手は初めてで、これも「知っている人がいないところでチャレンジしたい」という森らしい決断だった。

このように、健大高崎ではベンチ入りを逃した部員であっても、多くが卒業後も野球を続ける。青柳監督は「ベンチに入れなかった選手でも、進路はしっかり決めてやりたいので。彼らは今までで一番練習した代ですし、大学でその悔しさを晴らしてもらいたい」とエールを送る。

3年生の引退後、健大高崎は大きな転換点を迎えた。2名の名物コーチが去り、3年生は初戦敗退。県内で「健大高崎の時代は終わったのか」というムードが広まりつつあった。さらに、新チームとなった秋の県大会は、準決勝でまたもや前橋育英に敗れて敗退。だが、関東大会が群馬開催だったため、群馬の出場校が本来の2校から3校に増枠され、3位校として出場する。すると、この関東大会で健大高崎は一戦一戦、たくましく成長していく。

1回戦では9回に2点差を逆転して常総学院（茨城1位）に辛勝。準々決勝では快進撃を見せた西武台（埼玉2位）に3対2でサヨナラ勝ち。勝てば翌春のセンバツ（その後、中止が決定）がほぼ確実になる一戦で、青柳監督は今までにないスタンドの力を感じていた。

「学校が生徒を動員して応援スタンドをいい感じに埋めてくれたこともあるんですけど、群馬のお客さんが本当にたくさん声援を送ってくださって。『県民に応援されているなぁ』と感じました。秋は応援の力で勝てました」

そういえば、という様子で青柳監督はこうも付け足した。

「最近、『県外高崎』と言われることもほとんどなくなりましたね」

準決勝では優勝候補筆頭と目された東海大相模（神奈川1位）に8対2で完勝。決勝戦では山梨学院（山梨1位）を3対0で破り、初めて秋の関東大会を制した。健大高崎は続く明治神宮大会でも3勝を挙げ、準優勝に輝く。

後輩のまぶしい姿を複雑な心境で見守っていたのは、3年生の辻だった。

「正直に言えば、悔しいですよね。自分らの3年間はやりきれなかった思いが強いです」

それでも、辻は自身の未練に踏ん切りをつけるように、こう続けた。

「上のレベルでやっていくための知識を教えてもらえたので、大学では後悔しないようにしたいです。まだまだ自分はうまくなれると思うので」

沼田コーチは3年生の引退後の姿勢を高く評価する。

「1、2年生の全体練習が終わった後にすぐにグラウンドにやってきて、照明が使えるギリギリの時間まで練習しています。もともと能力が高いとはいえない代でしたが、考え方や取り組み方が成長しているなと実感しました」

卒業後はそれぞれの場所で、それぞれの夢を追いかける。彼らにとって3年間を過ごした高崎は特別な町になった。関西に戻る森は冗談めかしながら「高崎は災害が少ないし、安全で住みやすいですね」と語った後、少し寂しげにこうつぶやいた。

「テレビで群馬の話題が出ると、『おっ』と乗り出して見てしまいます。最初はなんも思わなかったんですけどね」

共存共栄を掲げ、切磋琢磨した3年間。先輩たちの信念と奮闘した日々が積み重なり、群馬県内に浸透したからこそ、「県外高崎」という蔑称が死語になりつつあるのかもしれない。

最後に青柳監督は、こう語ってインタビューを結んだ。

「彼らも覚悟を持って群馬県にやって来て、住民票を移して戦っているわけです。彼らも群馬県人として戦っているつもりですよ」

第4章

帝京(東東京)

東の横綱に注入された関西の血
再び燃え上がる“帝京魂”

帝京高校

1943年に旧制帝京中学校として創立した私立校。48年より現校名。部活動は、サッカー部が全国優勝9回を誇る強豪として知られている。野球部は、春14回、夏12回甲子園に出場し、89年夏、92年春、95年夏と、3回の全国優勝を果たしている。中村晃(ソフトバンク)、杉谷拳士(日本ハム)、山﨑康晃(DeNA)ら多くのプロ野球選手を輩出しているほか、とんねるず、ROLANDなどもOB。

—

学校所在地:東京都板橋区稲荷台27-1

—

寮費:非公表

⚾野球部練習場の形状に合わせて建てられた校舎

「前田です。ちょっとよろしいですか?」

前田三夫監督からの着信が入り、乗りかけた電車のドアの手前で踏みとどまる。前田監督はいつも通り、穏やかかつ丁寧な口調で切り出した。

「今日の取材、ちょっと時間を遅らせてもらえませんか? 実は今、病院にいまして」

思わず唾を飲み込む。闘将・前田三夫ももはや70歳。病に伏せっても不思議ではない年齢である。慎重に「もちろんです」と返答すると、前田監督はこう続けた。

「ちょっと魚の目の治療に来ていてね……」

私は曖昧に「あ、そうでしたか」と言うほかなかった。内心、拍子抜けしたものの、笑っていいのかもわからない。魚の目だって、放置すれば重傷になりうるのだ。

「職業病みたいなものですよ」

前田監督が続ける。その言葉を聞いて、ハッとした。前田監督の魚の目は、大学卒業と同時に帝京野球部監督になり、半世紀近くもノックを打ち続けた男の〝勲章〟なのだ。

いまだ情熱が衰えない大ベテラン監督も、甲子園には2011年夏からすっかり遠ざかってしまっている。近年は都立校に力負けする試合もあり、かつての栄光を知る者からすれば、寂しく思える年が続いている。

だが、帝京は変わった――。

2019年秋の東京都大会を見て、私は近年にはない変化を感じた。といっても、往時のようにずば抜けた能力を持つ逸材がいるわけではない。投手陣は常時130キロ台で打たせて取るタイプばかりで、打線もプロスカウトから注視されるような好素材はいない。

一見頼りないように見えて、猛烈な横風が吹いても地面に深く根を生やした木のようなしぶとさがある。ここ数年、帝京に欠けていた部分を垣間見たような気がした。

日大三との準々決勝は大接戦の末、2対1で勝利。何度もピンチを迎えながら、東京を代表する雄に主導権を渡さなかった。

その試合後、前田監督は満足げな表情でこう語っている。

「今年のチームはキャプテンが締めて、選手同士でやり合っていますよ。選手が動いているから、監督がやる必要はありません。選手の邪魔をしないようにしていますよ」

変化があったのは戦いぶりだけではない。その日、出場した帝京のメンバーのバックグラウンドを見れば一目瞭然だった。

主将でセンターを守る加田拓哉は大阪・住吉ボーイズ出身。副主将でセカンドの小松涼馬は大阪・富田林シニア出身。キャッチャーの新垣熙博は沖縄・うるま東ボーイズ出身。1年生ながらショートを守る武藤闘夢は群馬・桐生ボーイズ出身。先発出場した4選手が野球留学生だったのだ。

帝京にはこれまでも越境入学者はいたが、寮がないため近隣のアパートに下宿するか、学校付近に住む親族の家に居候するしかなかった。だが、学校の近隣に民営の寮ができたことで、2018年度から数名の寮生が野球部に入ってくることになったのだ。加田、小松、新垣の3名はその一期生である。

結果的に秋季大会は決勝戦まで進出したものの、国士舘に0対6と完敗して翌春センバツ出場の道は断たれた。だが、野球留学生が最上級生になったタイミングで、かつての帝京の強さが蘇りつつある。この符号をどうとらえるべきなのか。私は東京都板橋区稲荷台にある帝京高校へと向かった。

十条駅から歩いて10数分。にぎやかな駅前と車が行き交う東京都道455号線を抜け、閑静な住宅街に突如姿を現すのが中高一貫校の帝京中学校・高校の敷地である。

グラウンドを初めて訪れた人は、その異様な構造に面食らうはずだ。帝京の校舎は野球部専用グラウンドの外野フェンスの円弧を取り囲むように、カーブして建っている。前田監督は「グラウンドができたとき、近所の方から『いい観覧席を作りましたね』なんて言われたものですよ」と笑う。たしかにグラウンドが一望できる教室は特等席かもしれない。

野球部を第一に考えられたかのようなグラウンドと校舎の造りだが、その歴史は浅い。2004年に建てられ、それまでは付近にあった90メートル四方のグラウンドをサッカー部とシェアして使っていた。ともに全国屈指の強豪でありながら、狭小スペースでの練習を強いられていたのだ。

当時の帝京野球部に所属していたあるOBが、嘘のような伝説を語っていた。野球部とサッカー部の練習エリアを頻繁にボールが行き交いしたため、ノックの名手である前田監督がサッカーボールをノックの打球で「迎撃」して押し戻したというのだ。その真偽を前田監督に問うと、「ああ、そんなこともありましたねぇ」と笑いながらうなずいていた。なお、旧グラウンド跡地には現在、前田監督が魚の目の治療に通う帝京大学病院が建てられている。

また、帝京野球部といえば伝統的に大型選手がズラリと並び、その体格面で他校を威圧してきた。「3合飯」と呼ばれる巨大な弁当箱に3合分の白米を敷き詰め、食べることもトレーニングの一環と位置づけている。とはいえ、「3合飯」自体は指導者の強制ではなく、2006年度の主将・野口直哉さんの発案で始まったという。

帝京野球部は数々の人材をプロに送り出してきた。現役選手ならDeNAのクローザー・山﨑康晃が実績ナンバーワンだろう。

その一方で、他分野で華々しく活躍するOBも多い。代表例はとんねるずの石橋貴明だ。他にも「細かすぎて伝わらないモノマネ」でお馴染みの芸人・そうすけ。野球ユーチューバーのトクサン。3人組音楽グループのONE☆DRAFT、同じく音楽グループ・シクラメンのメンバー・肉だんごなど。このバラエティに富んだOBの顔ぶれは、帝京野球部ならではの「目立ちたい」「表現したい」という自己顕示欲の表れのようにも思える。プロ野球に進んだ選手を見ても、杉谷拳士(日本ハム)や森本稀哲(元・日本ハムほか)のように、パフォーマンス面でも存在感を発揮する人気者もいる。

大阪人が見た斜陽の帝京野球部

加田拓哉は大阪府堺市に男5人兄弟の四男として生まれた。小学1年時に1学年上の兄の友人から「野球やらへんか？」と兄弟もろとも誘われたことで野球をはじめ、熊野ライオンズに入団。それから野球にのめり込んだ。

住吉ボーイズではおもに3番を打ち、ポジションはキャッチャーやサード。そして高校進学に向けて志望校を考え始めた加田は「大阪から出て寮生活したい」と思うようになった。早く自立したい思いと、実直な両親からの干渉を煩わしく感じる年頃でもあった。

加田は通っていた野球アカデミーの指導者に、寮のある強豪校に進みたいという希望を伝えた。その指導者が帝京の金田優哉コーチと知り合いだった縁から、帝京進学の道が開けた。

甲子園から遠ざかってはいたが、加田は帝京の存在を認識していた。

「東京のユニホームが格好いいチーム。選手はみんな体がデカイことと、強打のイメージがありました」

縦縞にローマ字で「Teikyo」のロゴマーク。このユニホームを見ただけで、全国の高校球児が震え上がった時代があった。加田の認識にそこまでの畏怖はないにしても、「このユニホームを着たい」と思わせるだけの魅力があった。ちなみに、帝京のユニホームはかつてシンプルな白地だったが、1975年に当時の東畑秋夫校長が「甲子園に行くには、阪神に似ているユニホームに変えたほうがいい」と現在のデザインに変更したという。なお、東畑校長が根っからの阪神ファンだったという裏話も存在する。

加田には他にも地方の甲子園常連校に進む道もあったが、帝京に進学することを決めた。そして、大阪から自分とは別に、富田林シニアの小松涼馬が進むことを知った。

小松は身長170センチの小柄な内野手である。関西人にしてはおとなしい性格だが、強気で負けず嫌い。俊敏な内野守備を武器にしていた。高校進学を考えるなか、東京の帝京に寮ができたことを知り、進学することを決めた。8歳上の兄・健太さんは涼馬に言った。

「帝京はガタイのいいヤツばかりやし、練習もめっちゃきついらしいで。ほんまについていけるんか?」

実は健太さんは、プレーヤー経験はないものの大の高校野球好き。2006年夏の甲子園準々決勝、帝京と智辯和歌山による12対13の伝説的な乱戦を見たことがきっかけで、帝京のファンになったという。涼馬は兄に動画を見せられたこともあり、入学前の時点で帝京の強さを脳裏に焼きつけていた。

だが、入学後に大阪組を待ち受けていたのは、イメージとの大きなギャップだった。

当時の3年生が必要以上の上下関係をなくしてくれたおかげで風通しがよく、1年生でものびのびとプレーができた。だが一方で「こんなになあなあでええんかな?」という疑問も渦巻いた。

加田は部員たちの前で、過激な言葉を発する。

「これじゃあ、帝京やないで」

帝京の野球部は、練習中から選手間で厳しい声が飛び交うことが伝統になっている。だが、一見厳しく言い合っているように見えても、加田にはそれが甘く映った。

「こっち(関東)の人の声は他人事のように聞こえて、『ほんまに怒ってるんかな?』と思ってしまいました。言葉が軽いというか、相手に訴えかける感じがないんです」

練習中、加田が強い口調でチームメートを叱責しても、地元出身の部員からは思うような反応が返ってこない。

「大阪なら言い返してくることでも、関東の子は流して相手にぶつけてこない」

加田のなかで不満がくすぶり続けた。前田監督は「殴り合いはダメだけど、言い合いはしろ」と日頃から言っていた。加田も中学時代から、そうした文化で育ってきただけに理解できた。だが、地元出身の部員たちは前田監督の真意をわかっていないように感じられた。

沖縄出身の新垣とは何度もケンカした。加田が厳しく指摘しても、新垣はどこ吹く風。加田は「なんくるないさ〜、という感じで響いてない」と不満を募らせた。

新垣は帝京OBがたまたま沖縄でプレーを見て、前田監督に紹介したことから進学の話に進展した。1学年下の弟・飛煕も1年後に帝京に入学することになる。

新垣にとって加田の存在はもちろん、すべてがカルチャーショックだった。

「中学までは楽しく野球をやっていたのに、帝京の練習を見たらひとつのミスでワーワー厳しく言い合っていたので初日で帰りたくなりました。とくに加田は怖かったですね。先輩だろうと人を選ばずに、誰にでもしっかりとモノを言うので。言葉の壁もすごく感じたし、最初の半年は『沖縄に帰りたい』といつも思っていました」

まずは東京での生活に慣れることで精いっぱい。新垣には加田の厳しい指摘の意図を理解できるほどの余裕がなかった。

加田はクラスでも馴染めなかった。標準語で話すクラスメート、とくにサッカー部員を「スカしてる」と疎んじた。仲のいい小松とも別のクラスで、会話できる生徒が少なかった。唯一、加田が会話していたのは女子だった。といっても、話すのは色気のある内

容ではなく、アスリートとしての話題である。女子とは、エリートアカデミーに通う飛び込み選手の安田舞だった。エリートアカデミーとは、日本オリンピック委員会（JOC）が有望なジュニア選手を寄宿制で育成する機関のこと。拠点となる味の素ナショナルトレーニングセンターが近隣にある関係で、安田は帝京に通学しているのだ。

「彼女は鳥取から東京へ来たんですけど、意識が高くて、話してるレベルが違う。体調がしんどそうな日に『帰ったら？』と言ったら、『帰ったら練習できないから』と言うんです。しょっちゅう海外遠征にも出ていて、世界で戦う人の意識は勉強になりました」

寮でも新鮮な刺激があった。加田が住む私営の寮は学生寮ではなく、社会人や海外からの留学生も暮らしている。食堂などで他の住人と交流することもあった。

「フランス人の留学生と片言の日本語や、翻訳アプリを使って会話するのが楽しいです。いろんな人がいるんだな、と刺激になりますね」

2年夏の東東京大会は準々決勝で日大豊山に0対1で敗退。新チームが発足されると、加田は主将、小松は副主将になった。大阪ツートップの誕生である。

加田と小松が始めたことは、黄金時代を知るOBの話を聞くことだった。よく練習の手伝いに来ていた、1990年度卒の森元彰彦さんをつかまえては、「なぜ帝京が強かったのか」当時の話を聞いた。森元さんは加田にこう指摘する。

「今の帝京は馴れ合いになっている。味方同士でも潰し合うくらいじゃないと、本当にしんどいときに力を出せないぞ」

森元さんの言葉は加田自身の実感ともリンクした。そして加田は「このままやったら一緒や」と腹を決めた。本気で帝京の野球部を変えようと考えたのだ。

関西弁の檄を無視する東京の投手

帝京の野球部には、練習中に集中力に欠ける、ふがいないプレーをした選手を「どいとけ!」などと叱責する風習があった。つまり「闘志なきものは去れ」と選手間で宣告し合っていたのだ。いつしか廃れていた「どいとけ!」の風習を加田と小松は復活させた。

だが、当初は「笛吹けど踊らず」の状態だった。加田はこう振り返る。

「ずっと自分と小松の2人だけで練習している感じ。自分たちが言っても表では受け流されて、裏でグチグチ言われている感じでした」

それでも、加田たちはめげなかった。練習後に毎日のようにミーティングの時間を作り、しつこく「チームを変えよう」と言い続けた。次第に選手間の会話が増えるようになり、加田と小松以外からも練習中に厳しい声が出るようになった。その波は、気が強い武藤ら1年生にも広がっていった。

プレー面でも大阪コンビの影響は大きかった。地元・板橋区出身の御代川健人は言う。

「加田も小松も失敗を恐れないで前へ出ていきます。こっちの選手は初球に甘いボールが来ても手が出ない消極的なところがあったんですけど、大阪の2人は初球からどんどん振っていく積極性がありました。その点は見習うようにしました」

だが、全員が同じ方向を向くまでには時間がかかった。加田がとくに手を焼いたのは、投手の田代涼太だった。田代は身長188センチ、体重93キロの大型左腕。最速138キロとまずまずの球速だが、持ち味は力感のないフォームと打たせて取る投球である。

センターの加田がマウンドの田代に声をかけても、田代は聞こえないふりをして無視を決め込んだ。しかも一度ならず、何度も何度もである。

田代は思うような投球ができないと冷静さを失うクセがあり、加田から耳の痛い指摘を受けても内心「言われなくてもわかってるよ」と意地になって無視していたのだ。だが、加田はめげることなく、何度も声をかけてくる。次第に田代は返事をするようになった。それは加田のしつこさに根負けしただけでなく、結果が伴わないなか「自分も変わらなければいけない」という思いが芽生えたからだった。

加田からの声に応えるようになってから、田代は自身の変化に気がついた。

「加田の声を聞いて、自分の意見が言えるようになってから、試合中でも周りをしっかり見られるようになりました」

変わったのは田代だけではない。マイペースだった沖縄出身の新垣も、正捕手として安心感が増すようになった。

「野球のことをよく考えているし、頼りになります。最近、ようやく仲がよくなって、いろいろと話せるようになりました。『今まであんなに怒られても顔色ひとつ変えなかったのは、話を聞いてなかったからやろ』と聞いたら、『うん』と言っていたんです」

そう言って、加田はあきれたように笑うのだった。一方の新垣は、東京での生活に慣れるにつれ、加田の言うことが理解できるようになったという。

「試合でミスが出て後悔するより、練習で言い合ってミスの芽を潰しておいたほうがいいと思うようになりました。加田のことは尊敬しているし、チームをまとめる力がすごくあります。大阪の2人からは、ガツガツいくことの大切さを学びました」

練習中、ひとつひとつのプレーについて選手間で言い合うことは当たり前の光景になった。時にはヒートアップして口論になることもあったが、前田監督は何も言わずに笑って見ていた。選手が互いに衝突を恐れて口をつぐんでいたチームは、大きく変貌を遂げていた。

秋は試合を重ねるたびにチームが強くなるようだった。日大三との準々決勝は歴史ある神宮第二球場のラストゲームということもあり、スタンドは入場制限がかかるほどの超満員にふくれあがった。個々の力量では日大三が凌駕していたはずだ。それでも、先発した田代は丹念にコースを突いて打たせて取り、センターの加田はヒット性のライナーをダイビングキャッチするビッグプレーを連発した。加田は試合後、アンダーシャツの袖をまくり上げ、真っ赤になった右腕を見せてくれた。

「1回目のダイビングで擦れて、2回目で血が出ました。親指はやけどしています」

三塁側スタンドでは、控えの野球部員に加えてサッカー部員もハイテンションで大声を張り上げてくれた。加田にとって入学当初は気に食わなかったサッカー部員も、今では「面白くていいヤツばかりで、めっちゃ仲いいです」と関係性が180度変わっていた。

前田監督は試合前から選手の様子を見て「気が入っているし、強い三高相手でもいい試合になるはず」とにらんでいた。だが、選手の健闘ぶりは想像を超えていた。

「お互いに興奮したし、やっていて楽しかったですよ。試合が終わった後、三高の小倉（全由）監督が挨拶に来てくれてホームベース付近で握手したんだけど、スタンドを見たらバックネット裏でお客さんが何人も泣いていたんです。スタンドは超満員で、これだけのお客さんが入ったんだなぁと感慨深かったですね」

大ピンチを何度もしのいで、薄氷を踏む思いで手にした日大三からの勝利。この時点で、帝京は確実に復活に近づいた。

だが、久しぶりの甲子園確定まであと1勝に迫った国士舘との決勝戦。帝京は別のチームのように硬くなり、0対6と惨敗を喫した。この敗戦に、それまでの手応えは吹き飛んだと加田は言う。

「秋の結果は全然満足していません。めっちゃ悔しいです。準決勝、決勝は連戦で神宮球場近くのホテルに泊まったんですけど、いつもと違う環境で試合を迎えることで気が緩まないように言うべきでした。準決勝の前日には言ったけど、決勝の前日には徹底できなかった。決勝はいつもの自分たちではありませんでした」

闘将・前田三夫が野球留学生をとらなかった理由

かつては「東の横綱」と称され、春夏合わせて甲子園優勝3回、準優勝2回。甲子園通算51勝23敗。これらの実績は、前田監督が一代で築き上げたものだ。

同時期に活躍した渡辺元智さん（元・横浜監督）、髙嶋仁さん（元・智辯和歌山監督）などのライバルが次々と後進に道を譲るなか、前田監督は今も現場でノックバットを握る。

かつての帝京の強さを知る者からすれば、一抹の寂しさとともに「もう十分にやり切ったのではないか」と思うこともある。これほどの実績を積み上げ、それでも監督を続ける理由はどこにあるのか。失礼を承知の上で前田監督に尋ねると、前田監督は視線をグラウンドの選手に向けたままこう答えた。

「過去の栄光は、私にとってはどうでもいいことなんです。今は目の前の選手たちをうまくしてやりたい。その思いだけなんです。私自身も野球は下手くそだったからね。選手たちの『うまくなりたい』という思いになんとか応えてやりたいんです」

前田監督は時代とともに指導法を変化させてきた。かつては徹底的なスパルタ教育で鍛え上げ、一時は選手の自主性を重んじる方針を取ったこともある。非情なまでに勝利にこだわる戦いぶりが、猛バッシングを浴びたこともあった。指導に悩み、アメリカ合衆国にわたってMLBの試合を観戦して、野球の原点を思い出すこともあった。

ただし、どんな時代にも前田監督がこだわり続け、選手に求め続けてきたものは、「戦う姿勢」だった。選手から闘争心を引き出すため、あえて主力選手でもトップメンバーから外す荒療治は前田監督の常套手段だった。だが、時代の流れとともに、選手から闘争心

を呼び覚ますことは難しくなったと前田監督は感じている。

「今までは選手を追い詰めて、プレッシャーをかけて、負けないだけのハートを作ってきました。でも野球界も教育現場も変わって、以前のやり方は通用しなくなりました。指導者に口うるさく言われないものだから、選手はいい意味でのびのびと野球に打ち込んでいる。そのなかで、いかに選手の『勝ちたい』という思いを出せるか。ここ一番の勝負強さを出せるか。そこが難しくなりました。生徒がその気になるのを待つしかない。でも、物足りなさはいつも感じていました」

監督がファイティングポーズを取ってい

ても、肝心の選手が前のめりに出てこなければ相手は倒せない。選手の気質の変化とともに甲子園からは遠ざかるようになり、前田監督の苦悩は続いた。

そして、リクルート面でも大きな変化があった。これまでの帝京は、前田監督の方針で基本的に野球留学生をとらない方針を貫いてきた。付近に寮ができたとはいえ、大胆な方針転換に思える。そこにはどんな心境の変化があったのか。

「高校野球には昔から地域の特色が色濃くあって、東京には東京の野球の色があると思っていたんです。東京から甲子園に出て、全国のさまざまな地域色のチームと戦うのを楽しみにしていました」

前田監督には「東京には東京の色がある」という思いが常にあった。千葉県出身の前田監督は木更津中央（現・木更津総合）から帝京大を経て、帝京の監督に就任している。前田監督に言わせれば「スマートで格好いい野球」こそ、東京のカラーだった。帝京はそこへ「泥臭さ」をミックスして、すでに名門として君臨していた早稲田実、日大三らに対抗した。そんな「地域色」を出すために、地元の選手たちで戦ったほうがいいという判断だった。

そして、前田監督には「親元で親の背中を見て育ってほしい」という考えもあった。

「お父さんが仕事を頑張る姿をしっかり見て、お母さんが作るバランスのいい食事をしっかり食べ、3年間で大きく育ってもらいたいという思いもあったんです」

帝京はサッカー部も全国指折りの強豪であり、サッカー留学生も多数いた。学校がサッカー部のために民家を借り、寮代わりにしていたのだ。前田監督は学校側から野球部もその形態にするか打診されるが、これを断っている。

「合宿所を作っても、子どもを預かって栄養バランスの取れた食事を提供できるのか、疑問がありました。今まで何人かアパートに下宿した部員もいましたけど、提供できるのは夕食のみですから。たまに部屋をのぞくとカップラーメンが転がっていて、これはなかなか大変だなと思ったんです」

越境して帝京に入学したいという問い合わせは多くあったが、そのたびに前田監督は断りを入れていた。

野球留学生をとらずとも、強い時期は東京や埼玉から好選手が続々と集まってきた。だが、時代の流れとともに変化が現れる。前田監督は続ける。

「東京の子でも東北、関西、四国の強豪に進むようになりました。寮生活したい子が増えたのと、食事や洗濯などを負担に感じる親にとっても寮はいいのでしょう。東京の高校に進むチームにしても、さまざまなチームに分散するようになったんです」

また、貴重な供給源でもあった埼玉から選手が集まりにくくなった。甲子園で実績を残すにつれ、帝京に埼玉出身者が多いことがクローズアップされると、埼玉県内で「選手の県外流出を避けよう」という機運が高まったという。とはいえ、帝京のある板橋区は東京北部で、埼玉県は目と鼻の先だけに通学圏内なのだが。

前田監督自身、野球留学生の存在を見直す機会も増えていた。

「関東以外の血が入ることで、強さが増したチームをよく見ました。日大三、東海大菅生、横浜。関東の子とうまく組み合わさると、いい傾向が出るんだなと感じたんです」

ふと我が身を振り返ると、東東京地区で関東一や二松学舎大付などの私学に押され、小山台のような強豪都立校に力負けする年もあった。

こうした過程があったなか、学校付近に私営の寮が完成し、学校側に「空きがあるので帝京高生も入りませんか?」という提案がきた。都内としては手頃な価格で1日2食つき、しかも寮には管理栄養士がついている。もはや前田監督に野球留学生を受け入れない理由はなくなったというわけだ。

大阪の野球留学生が復活させた「帝京魂」

加田、小松の大阪勢が加入した効果は思いのほか、大きかった。前田監督が「憧れだけで入ってきたような子が多い」と苦言を呈する地元出身者に、加田たちは遠慮なく厳しい声を浴びせる。それは前田監督が長らく求めていたものだった。

「彼らが新しい風を吹かせてくれた。加田は同級生だろうと容赦しない。それは本当に私がやってほしいことでした。指導者に頭ごなしに言われても、今の子には響かない。でも選手間で言い合うことで、本当の絆が作れる。加田が選手を目で動かせるようになったので、私は邪魔しないように彼に任せることができました」

そして前田監督は実感を込めて、こう漏らした。

「大阪の子が入ったことで帝京らしさは増した。その復活のイメージは潰してはいけないと思っています」

今後も選手構成の中心はあくまで通学圏内の部員になる。野球留学生は1学年に数名ずつ採用する予定だ。

加田は東京で生活するうちに、あらためて帝京野球部の伝統や人気を痛感したという。

「どこに行っても、バッグの『帝京』の校名を見た人から話しかけられますから。昔から高校野球を見ている地元のおっちゃん、おばちゃんが『帝京は本当に強かった』と教えてくれます。あと、たまにキレられることもありますよ。『どこに負けてるの！』って。これだけいろんな人に応援されてきたチームなんだな、とあらためて感じます」

今では「自分や小松が言わなくても、みんな声を出せるようになった」と加田は胸を張る。また、関東の選手から「練習に取り組む素直さ、真面目さを学びました」という。それでも大阪の血は健在で、いまだに関東出身の部員ととりとめのない雑談をしている際に「で、オチは？」と聞いてしまうという。

東京で歴史を築いた名門にかつての強さを思い出させ、魂を吹き込んだのが大阪の野球留学生だった。なんとも皮肉な巡り合わせである。

「帝京魂」という言葉がある。とんねるずの石橋貴明がことあるごとに叫ぶだけに、聞き覚えのあるフレーズだろう。

加田にとっての「帝京魂」とは何か。抽象的な質問だとわかっていたが、あえて聞いてみた。加田はこの日一番の困惑した表情を浮かべ、しばらく首をひねって思考を巡らせた。そして、言葉を選ぶようにこう答えた。

「敵は監督ではない……ということですかね。監督ではなく、相手と戦う。去年までは『監督に怒られないようにするにはどうすればいいだろう』とか『監督の求めているものはなんだろう』と考えすぎて、目の前の敵と戦えていませんでした。今は監督から自分たちに任せてもらって、目の前の敵と戦えていると思います」

前田三夫という実績と威厳のある指導者、しかも孫と祖父ほどの年の差がある大ベテランを前に、恐れを抱かずにいることは限りなく難しいはずだ。だが、監督の考えを理解し、自分たちで行動できるようになったそのとき、今まで見えなかった世界が見えてくる。暗闇でまぶしく弾け飛ぶ光。それこそ「帝京魂」なのではないだろうか。

Column 2

野球留学生を知り尽くした男——鍛治舎巧監督（県岐阜商）

県立岐阜商業高校

１９０４年創立の県立校。野球部は甲子園で春夏４回の優勝、歴代4位の通算87勝を誇る全国屈指の伝統校。野球部以外にも陸上、水泳といった運動部、吹奏楽、簿記、速記などの文化部も全国大会で優勝経験がある。ＯＢに和田一浩（元・中日ほか）、石原慶幸（広島）、髙橋純平（ソフトバンク）ら。

鍛治舎巧（かじしゃたくみ）

１９５１年生まれ。県岐阜商—早稲田大—松下電器（現・パナソニック）。社会人時代の75年に阪神タイガースよりドラフト2位指名を受けるも入団拒否。松下電器に残り、現役引退後は監督を務める。甲子園中継の解説者、中学野球（枚方ボーイズ）の監督、パナソニックの役員などを歴任後、２０１４年に秀岳館（熊本）の監督に就任。16年春夏、17年春と3季連続で甲子園ベスト４に進出。18年3月より母校・県岐阜商の野球部監督に就任した。

大阪は出ていくのが当たり前

偏見に満ちた「野球留学生」の実態を明らかにするために、誰に話を聞けばいいだろうか——。私の頭に真っ先に浮かんだのが、鍛治舎巧監督(県岐阜商)だった。

大阪・枚方ボーイズ監督時代は、野球留学生を送り出す側として。熊本・秀岳館監督時代は野球留学生を迎える側として。さらに現在は県外に流出してしまう野球留学生を憂う側として。これほど多角的な視点から野球留学生を語れる人はいないだろう。

選手としては県岐阜商、早稲田大、松下電器(現・パナソニック)とエリートコースを歩み、1975年には阪神からドラフト2位指名を受けている。それでもアマチュアにこだわり、入団を拒否。引退後は松下電器の監督や全日本コーチを務め、NHKの甲子園テレビ中継の名物解説者になった。

さらにパナソニック在職中は世界的企業の専務役員まで上り詰めた企業人でもある。アマチュア球界に寄り添うように生きてきた鍛治舎監督は、野球留学生をどのように見てきたのか。そして、どのような問題意識を抱いているのか。

県岐阜商の監督に就任してわずか1年半で東海大会準優勝へと導き、2020年春の選抜高校野球(センバツ)出場を決めた(その後、中止が決定)。早くも辣腕を振るう鍛治舎監督に会うために、私は岐阜へと向かった。

——これほど多様な立場から「野球留学生」を見てきた野球人は、鍛治舎監督以外にいないんじゃないかと思います。

鍛治舎　枚方ボーイズでは1983年のチーム創

設から、長い間かかわらせていただきました。野球留学生を語るには、まず大阪の特殊性について説明しなければなりません。

——大阪の特殊性ですか？

鍛治舎　大阪は甲子園球場に近いので、小中学生の段階で甲子園に足を運ぶ機会が多い。だから大阪の中学生は「自分もいつかこの場所で」という思いがとくに強いですよね。

——私は東京育ちの人間ですが、たしかに甲子園は遠く、気軽に見に行ける場所ではありませんでした。

鍛治舎　硬式に限らず、軟式の中学球児も進路を決める段階で「甲子園出場に近い高校はどこか？」と考え始める。今の大阪は大阪桐蔭と履正社が圧倒的に強いので、この両校に行ってレギュラーになれれば3年間で2回は甲子園に行けると計算できる。でも、私が枚方ボーイズの監督をしていた頃の大阪は、群雄割拠でどこが甲子園に出るかわからなかった。それなら大阪に残るより、全国津々浦々の甲子園に近い学校に行ったほうがいいという考えから、野球留学生が増えていきました。

——野球留学生は今も大阪の選手が圧倒的に多いようです。

鍛治舎　現在はインターネットの普及によって、環境面まで情報を把握できるようになりました。選手が「監督、この高校に行きたいです」と私も知らない高校の名前を出してきて、理由を聞いたら「寮の食事がいいからです」と言うんです。近年の代表格は福島の聖光学院でしょう。今は13年連続で夏の甲子園に行っていますが、あそこへ行けば確実に甲子園に行けるだろうということで、希望者が増えました。

——進路の選択が「甲子園」を軸に始まっている

わけですね。

鍛治舍　甲子園に行きたい思いが強いからこそ、15歳にして知らない世界に飛び込む覚悟がありますよね。だから野球留学をネガティブにとらえるということは、彼らの夢を奪うことにつながる。そう考えると、否定的な風潮はどうなのかなと感じます。

――今も野球留学生の多い甲子園出場校は批判される傾向があります。

鍛治舍　一方で、高校野球には「地域性」という一面もあります。我が郷土から甲子園に……という思いは地元の人ほど強いものです。甲子園に行きたい子どもの思いと、地元の思い。その両者の思いが理解できるからこそ、葛藤がありますね。

――誰もが幸福になれる構造にはなっていないですね。

鍛治舍　高校野球は人気スポーツがゆえに、余計にクローズアップされてしまう側面もあります。1大会で80万人を超える人々が甲子園球場に足を運んで、テレビでは全試合生放送されるわけですから。一方で、他の部活動で県外生ばかりのチームがあっても、高校野球ほどは批判されないじゃないですか。

――高校野球の「ガイジン部隊」は日本人の越境入学者を指しますが、本当に「外国人」を運動部に呼んでくる学校もあります。

鍛治舍　それと、都市部では問題にならないですよね。大阪桐蔭なんて「やりすぎかな」と思うほど(笑)全国から人を集めていますが、大阪の人は何も言いません。大阪の人は、出ていくのは当たり前、来るのも当たり前という感覚なので。地方に行けば行くほど地域性は出てきて、批判の対象になりますね。

――枚方ボーイズはホームページを見ると、「○

B進路」というページに日本地図があり、全国のどの高校にOBが進んだかが載っています。北海道から鹿児島まで、数えたら38都道府県に選手を輩出していました。

鍛治舎　日本地図は私のアイデアです（笑）。枚方ボーイズにいたらどの高校に行けるか、一目でわかりますから。いずれ大学、社会人、プロまで進路先を入れたらどうかと言っていたんですけどね。

――枚方ボーイズは基本的に、大阪の選手が入団していたのでしょうか。

鍛治舎　近畿一円から来ています。道路が整備され、平日の活動もないので通いやすいのでしょう。今でも淡路島から来ている子もいますし、少し前には石川県から来ている子もいました。

――進路はどのタイミングで決まることが多いのでしょうか？

鍛治舎　3年生の4月、5月、6月と3回くらい保護者を含めた三者面談をして、だいたいここで方向性が決まります。自宅から通いたいのか、寮に入りたいのか。近畿圏内がいいのか、地方に出たいのか。家庭の経済的な事情。いろいろな条件を踏まえて、悩みながら決めていきます。

――野球に限らず、大阪府民の民族性として「外に出る」ということに抵抗が少ないように感じます。

鍛治舎　親元を離れることに対する抵抗はないですね。オープンマインドで、なおかつ覚悟があります。目先ではなく、先の将来を見据えて決断できる。あと親の締めつけがきつくて、意外と寮に入ると解放感からのびのびする子も多いような気がします。

――進路を提案する際、どの選手がどの高校に合うかは考えていたのでしょうか？

鍛治舎　相性は必ずあります。預かった選手のなかでも「この子は将来、プロに行ける」と思った選手が、高校で3人ほどやめてしまったことがありました。理由は高校の指導者と合わなかったから。もともとやってきた野球とのギャップを感じたようです。

――相性の見極め方のポイントはあったのでしょうか。

鍛治舎　私はNHKの甲子園中継の解説を30年近くやっていましたから、甲子園に出る監督さんとは接点があったんです。監督の性格、どんな野球をするか、何を重んじるかはわかっていました。その方針に合いそうな子に「こんな高校があるよ」と伝えていました。あとは経済的な事情から「特待生じゃないと厳しい」という例もあります。

――中学生のなかには「高望み」をする選手もいると思います。

鍛治舎　いっぱいいますね（笑）。枚方ボーイズに入ってきたときは、全員「プロになりたい」と言いますから。

――そういう選手には、どのように説明するのでしょうか。

鍛治舎　中学のチームからお願いして高校に入れてもらう場合と、声をかけてもらって高校に進む場合があります。強豪のなかには、中学からお願いして入った選手をなかなか使ってくれない場合があるんです。だから選手には「求められた学校のほうがチャンスをもらえるよ」という話をします。

――残酷なようですが、実際にそのような話は耳にしますね。

鍛治舎　高校の指導者は高校2年秋の時点でどういう布陣になるかを想定して、補強をするわけです。その構想に入っていない場合や、同じポジションに非常に優秀な選手がいる場合は、出場機会がなく不幸なことになりかねませんから。

――高校の指導者ともそんな話をするのでしょうか。

鍛治舎　事前に「補強ポイントはどこですか？」「こんな子がいるんですがチャンスはありますか？」と聞いていました。だから近畿圏内のチームはとくに、大きな失敗はなかったと思います。

――近畿圏外のチームに選手を送る場合、気をつけていたことはありますか？

鍛治舎　近畿圏外は1県あたり1校にしか選手を送らないようにしていました。というのも、1県内の複数の高校に送った場合に「あの高校に行った子はいいけど、こっちはダメじゃないか」などと比較されてしまい、選手がかわいそうな思いをするので。

――枚方ボーイズの練習を見に行ったことがありますが、高校野球関係者がひっきりなしに来ていて驚きました。

鍛治舎　千客万来ですよ（笑）。ただ、練習よりも試合を見に来られるケースが多いですね。選手を試合で見て、練習で確認をするという指導者が多いです。

――野球留学の問題点として、選手と高校を仲介して報酬を受ける「ブローカー」の存在があります。

鍛治舎　私は一番の問題はそこだと思います。枚方ボーイズはブローカーが絡む高校には一切行かせませんでした。必ず学校の指導者を間に挟むようにしていました。

――頻繁に甲子園に行く高校でも、ブローカーが絡むケースはあるのでしょうか。

鍛治舎　はい、あるはずです。ただ、ブローカーにどのように報酬が入っているかなどについては、私は一度も経験したことがないので責任を持って答えられません。

――中学クラブチームの場合、野球はしっかりやるけど学校生活はいい加減な生徒がいると問題視されるようですね。

鍛治舎　高校に推薦する場合も、必ず中学校を通してやります。クラブチームの活動は、いかにして中学校といい関係を作れるか。枚方ボーイズの場合、卒団式に中学校の先生が20人くらい来てくれたんですよ。

――それだけ連携が取れていたと。

鍛治舎　成績が落ちた場合は先生に「土日は責任持ちますから、平日はよろしくお願いします」と電話します。急に成績が落ちたり、遅刻や欠席が増える子は要注意なんです。よく見てやらないと、坂道を転げ落ちるように堕落していく子もいますから。地域の学校の先生との関係ができ上がっていたので、進路指導はやりやすかったです。

――大阪の中学硬式クラブは、なぜここまで盛んで、レベルが高いのでしょうか？

鍛治舎　まず、専門的に野球をやってきた指導者が多いからでしょう。あと大阪は硬式クラブのチームが圧倒的に多いので、大会も多く、競い合うので強くなっていくということも言えると思います。

強烈だった「肥後の引き倒し」

鍛治舎監督は枚方ボーイズを中学野球界で突出した常勝チームに育て上げ、中学硬式最大のイベントであるジャイアンツカップ（全日本中学野球選手権大会）では4度の優勝に導いている。

ところが、2014年3月に勤務先のパナソニックを退職し、熊本の私学・秀岳館の野球部監督に就任した。3年目となる2016年は甲子園春夏連続ベスト4と結果を残した一方、野球留学生が多いチーム構成は批判の的になった。

当時の苦い思い出を鍛治舎監督はどのように振り返るのだろうか。

——鍛治舎監督が秀岳館の監督に就任した際には、大企業の重役が高校野球監督に転身したと大きな話題になりました。

鍛治舎　私が勤めていたパナソニックは若返りが求められていたため、専務をやめようと考えたんです。私にとっては高校野球の監督をやる最後のチャンスだろうと思いましたし、お話はたくさんいただきました。

——数あるオファーのなかで、なぜ秀岳館だったのですか？

鍛治舎　秀岳館は10年以上も甲子園から遠ざかっていましたし、こういうチームで泥にまみれて甲子園に行きたいという思いがありました。

——鍛治舎監督が去った枚方ボーイズは一部選手が移籍して、「秀岳館に行きたくない選手が移籍した」と噂になりました。

鍛治舎　私は熊本に枚方ボーイズの子を呼びたくなかったんですよ。

——そうなんですか？

鍛治舎　当時の枚方ボーイズは中学5冠を達成した代で、「5冠メンバーがごっそり秀岳館に来た」とメディアに書かれました。でも、実態はそうではありません。秀岳館時代にU-18の4番を打ち、プロへ行った九鬼隆平（ソフトバンク）は、中学時代は大阪桐蔭へ行った吉澤一翔（早稲田大）の控え捕手でした。九鬼とDeNAに進んだショートの松尾大河（琉球ブルーオーシャンズ）、投手兼内野手の堀江航平、投手の有村大誠（立命館大）と、みんな親戚が熊本や九州にいる、ゆかりのある選手ばかり。有村は、中学時代は一度もベンチに入れなかった投手ですからね。

――当時から有望株だった小園海斗（広島）は兵庫の報徳学園、藤原恭大（ロッテ）は大阪桐蔭に進んでいますからね。

鍛治舎　他にも野村大樹（ソフトバンク）や中川卓也（早稲田大）、石川瑞貴（Ｈｏｎｄａ鈴鹿）も枚方ボーイズに所属していました。もし彼らも3年間残っていたら、1敗もしなかったでしょうね。野村はヒザの成長痛で坂道を多く走るウチの練習についていけないということで、中川は家庭の事情でそれぞれ退団したんです。

――つまり、主力級の多くは秀岳館ではなく、他校に進んだわけですね。

鍛治舎　「主力をごっそり」と書かれて、怒ったメンバーもいたんじゃないかな（笑）。そりゃあ小園や藤原に「秀岳館に来てくれ」と言えば、来てくれたかもしれません。でも、当時の秀岳館はまだ強くなかったし、彼らには彼らの人生があるわけですから。

――秀岳館の監督になった当初は、大きな反発があったと聞きました。

鍛治舎　4月の就任会見で、「熊本県の高校が長らく甲子園で優勝していないので、3年後の日本一を目指します」と話したんです。ただし、「必ずしもウチじゃなくてもいい。私が来たことがカンフル剤になって、熊本のレベルが上がればそれでいいんです」ということも付け加えました。でも、その補足がまったくメディアに載らずに、「3年後の日本一」だけが報じられてしまった。

――熊本全体を敵に回すような、宣戦布告とも受け取れます。

鍛治舎　相当な反感を買いました。熊本の新聞記者の方からはこう聞かれました。「鍛治舎さん、『薩摩の芋づる、肥後の引き倒し』って知っていますか？」と。全然知りませんと答えると、彼はこう教えてくれました。「薩摩（鹿児島）では優秀な人がいたら、こぞって引き上げて成功させる。成功した人は薩摩のために、みんなを引っ張り上げる。それが鹿児島の人材育成のやり方です。一方、肥後（熊本）は目立つ人がいたら、よってたかって足を引っ張る。それが『肥後の引き倒し』なんです」と。

――そんな県民性があるんですね。

鍛治舎　それも知らずに熊本に行きましたから。最初は総スカンでしたよ。球場で「鍛治舎、帰れ！」と野次られましたから。

――それはきついですね。

鍛治舎　捕手の九鬼まで「お前も帰れ！」と野次られて、九鬼がムッとした顔でスタンドを見ました。だから私はこう言ったんです。「みんな相手のチームを好きなんだから。君たちが秀岳館を好きになってもらえるチームにしないといけないよ」と。

――近畿だけでなく、九州全域から選手が集まったことも批判された要因でしょうか。

鍛治舎　野球留学生が多かった理由のひとつは、地元の子が来ないからなんです。偏差値は40前後でしたし、地元の優秀な選手は熊本工、九州学院、済々黌などに行ってしまう。それは仕方ないですよね。

――中学生は鍛治舎監督が直接見ていたのですか？

鍛治舎　私が回っていました。九州一円からいい選手が来るようになり始めていたんです。ただ、基本的に九州の選手でと思っていたので、関東や関西は回っていないです。九州はいい選手がいっぱいいますから。

――九州は好素材が多い印象があります。

鍛治舎　大阪はいい選手が1チームに固まる傾向がありますが、九州は1チームに1人はいい選手がいるんです。だから今も大阪や埼玉、高知の学校などが九州からいい選手をとっていきますよね。

――秀岳館での監督生活は3年半でしたが、ずっと批判されていたのでしょうか。

鍛治舎　2016年春に甲子園ベスト4に行って、少し風向きが変わりました。その直後に熊本地震が起きて……。地震の後、学校が避難所になっていたので、野球部はしばらく3班に分けて活動しました。避難所で清掃やマットの運搬などをする班、廃棄物処理場でガレキの処理をする班、練習をする班。でも、しばらくすると選手から「いつまでやるんですか?」と不満の声が上がりました。日本一を目指しているのに、3日に1回しか練習できないのは不安があるわけです。

――全国のライバルたちが、夏に向けて準備を重ねているわけですからね。

鍛治舎　そこで、こんな話をしました。野球のグラウンドはホームベースから90度でできているけれど、我々は360度に心配り、目配りができないとダメだと。グラウンド以外の残りの270度は家庭であり、地域であり、学校であるわけです。90度のなかだけ一生懸命やっても、地域からは認めてもらえない。そんな話を泣きながらしたら、選手たちも泣きながら真剣に聞いてくれました。

――野球だけではダメということですね。

鍛治舎　そこからボランティア活動を続けるうち

に、県民のみなさんの我々を見る目も変わってきたように思います。秀岳館の生徒たちも同じ被災した人間じゃないかと。今まで違っていた目線が、同じ位置になった。

――地域の共感が得られるようになった。

鍛治舎　熊本工のオールドファンから声をかけられるようになりました。「鍛治舎さん、お茶飲まんね？　毒ば入っとらんけん」と（笑）。「鍛治舎さん、秀岳館のゴミ拾いは続けてほしいな。あとファーストベース駆け抜けの全力疾走も広めてほしい」と言ってもらえました。熊本地震は本当に不幸な災害でしたけど、これを契機に熊本県民のみなさんと同じ目線に立てたのかなと思います。

――夏の甲子園でもベスト4に入り、鍛治舎監督は翌2017年夏を終えて退任しました。最後に八代を発つ際には、大勢の人が見送りに来たそうですね。

鍛治舎　もう駅のプラットホームに入れないくらい人が集まりました。これは私の秀岳館での3年半の監督生活で、一番の成果だったと思います。地元の人とも仲よくなれましたし、八代から1時間ほど離れた熊本に行っても、「サインをください」と言ってもらえるようになった。中には「赤ちゃんを抱いてください」というお母さんまでいて、まるで力士にでもなったようで（笑）。本当に理解されて、支援されたんだなと感謝の気持ちでいっぱいでしたね。

岐阜から県外に逸材が流れる理由

――県岐阜商に来られた経緯は？

鍛治舎　秀岳館をやめて、たくさんのオファーをいただきました。でも、次が最後になると思ったので、すでに強い名門校はやめよう。出身大学の早稲田系列の早実以外の高校か、母校かなと思っていたんです。そんなとき、母校からお話をいただいた。ＯＢ会からも何度も足を運んでいただいて。学校がＯＫで現場もＯＫなら私は大丈夫ですよとお答えしました。

——待遇はどうなっているのですか？

鍛治舎　教育委員会から外部指導者として給与をいただいています。時給１４７０円で、１日２時間までと決まっているんです。だから日給２９４０円で、土日は出ません。年収は70万くらいですね。家賃は年間１００万くらいなので赤字ですよ（笑）。

——なんと……。他にも好条件のオファーがあったとは思いますが。

鍛治舎　年収数千万という破格の学校もありました。

——それでも、母校を選んだのですか。

鍛治舎　報酬の多寡でお受けしたわけではありません。県岐阜商の野球部は創部95年で甲子園通算87勝なんです。歴代4位で公立校としてはダントツ1位の数字です。１００周年までにあと13勝を目指そう。その上で次の１００年でも１００勝できる基盤をしっかり創るんだ、という思いを持って来ました。

——基本的に、県岐阜商は県内の選手で構成されているわけですね。

鍛治舎　「地産地生」です。農作物は地産地消と言いますが、ウチは地元の人材を生かすという意味で「地産地生」と考えています。いい選手はみんな県外に行ってしまうので、県内にいても甲子園の頂点を狙えるような学校にしたいと考えています。

——地元から熱烈な応援を受ける、今までとは真逆の環境ですね。

鍛治舎　ただ、相変わらず今年（2019年度）の中学トップクラスの選手も県外に行ってしまうんです。毎年7、8人は県外に出てしまいますね。大阪桐蔭に行った根尾昂（中日）なんて、まさにそうですよね。

――トップクラスは県外に流れ、その次のレベルを県内でとり合うわけですね。

鍛治舎　それでも、いい選手はいます。今のウチの2年生は私が来る前から県岐阜商に進学する意思を固めてくれた選手たちですが、負け続けたところから頑張って東海大会準優勝までいきました。育成にはそれなりの自負があるので、トップクラスの選手が来てくれるようになれば、甲子園でも勝つ自信があります。

――枚方ボーイズから秀岳館に進み、甲子園に4回出場した廣部就平（中部学院大）の弟・嵩典が県岐阜商に進んでいます。彼はどういう経緯で進学したのでしょう？

鍛治舎　中学2年時に親子で岐阜に移り住んだんです。お母さんは学校の近所で働いていますよ。中部学院大も岐阜にあるから、一緒に住めるんですよ。お父さんは京都で仕事をしているので、休みになると岐阜へ帰って来ていますよ。

――「逆単身赴任」ということですね。面白い家族の形ですね。

鍛治舎　そうでしょう。兄が秀岳館だったから何かと言われてしまいますが、正規の手続きを踏んで入学しているのですから、誰に何を言われる筋合いもありません。

――県岐阜商は下宿している部員もいるそうですね。

鍛治舎　近所で下宿しています。OBがやっている喫茶店で3食に補食つきです。今は2学年で10人くらいが下宿生で、毎年3学年で15人ほどいます。県岐阜商は飛騨高山や関ヶ原など自宅から通えない生徒も入学するので、学校全体で50人ほど下宿生になりますね。もちろん、私が来る前からの話です。

――今も「文武両道」を掲げているとか。

鍛治舎　全国の商業高校のなかでは学力も高いですし、昨年は63人が入試で落ちています。ギリギリの点数で入った生徒は、学業で苦労していますよ。補習で練習に1時間遅れてくるなんてしょっちゅうです。

――スカウティングはどうしているのですか?

鍛治舎　直接的に接触はできませんが、私とコーチが岐阜県中を回っています。私が来る前は募集活動を一切せず、来る者拒まず去る者追わずの状況でした。だから有望な選手でも「声をかけられていないから自分は行ってはいけないんだ」と思われて、敬遠されてしまっていたようです。

県岐阜商の選手たち。文武両道を掲げて活動している。

――県岐阜商は歴史がある学校ですし、やりにくさがあるようにも思えます。

鍛治舎　母校に来てみて思ったのは、「がんじがらめになっているな」ということでした。よく「伝統の重み」と言いますが、かつてのいい伝統など何も残っていない。残っているのは甲子園で勝った数字だけでした。練習だって十年一日のごとく、同じことをのんべんだらりとやっているだけ。このままでは甲子園にすら行けないと思いました。

――改革のひとつとして、伝統のユニホームを変えたことが賛否両論を呼びました。

鍛治舎　県岐阜商のユニホームは伝統のもので、マイナーチェンジはあっても大きく変えたことは一度もないんです。商店でいう、のれんと一緒なので。

――しかも、秀岳館のユニホームとそっくりな配色、デザインでした。

鍛治舎　インターネットで散々批判されましたけど、直接言われることはほとんどありません。それに、デザインは選手が決めたんですよ。

――そうなんですか？

鍛治舎　僕とキャッチャーの子は「ストッキングは白地に三本線がいい」と言っていたんですよ（笑）。それでも、3年生は「秀岳館のユニホームは強そうなので」と言って。胸のロゴも漢字にしたいと言っていて、そうなるとまるっきり秀岳館になってしまうので「それだけはやめてくれ」と。ロゴだけはローマ字で従来の書体にしてもらいました。

――てっきり、鍛治舎監督の趣味でこのデザインに変わったのかと思っていました。

鍛治舎　いろいろと書かれましたけど、「ユニホームを変えよう」と言ったのは私なので、それでいいんです。

――ご自身にとっても母校ですから、ユニホームに愛着があったと思うのですが。

鍛治舎 誇りはありますが、愛着はないです。

――ないんですか?

鍛治舎 プロ野球だって、毎月のようにユニホームのデザインが変わるじゃないですか。95年変わらなかったユニホームを変えるということは、どういうことか。制約なしで自由にやっていいということです。だから伝統にこだわらず、思い切ってやろうと選手に話しました。過去にこだわるな、現状維持は後退と同義語。常に前を向いて変えていこうと伝えました。

――その思考の根本には、ビジネスマンとしての考えもあるのでしょうか。

鍛治舎 (松下)幸之助(松下電器創業者)は工場が立ち上がって間もない頃に、商品を手に取って工員に「去年と何が違うんだ?」と尋ねたんだそうです。工員が「去年と寸分違わず作っています」と言うと、幸之助はパッと手を差し出して「返してくれ」と言ったそうです。去年と同じということは進歩していないということ。給料をもらう価値がないから返せ、ということです。

――パナソニックにはそんな逸話が残されているんですね。それにしても、過去を大事にされるOBやファンからの反発も大きかったと思います。

鍛治舎 これは勝つことでしか納得はしてもらえません。「先輩は前のユニホームで4回日本一になった。我々はこのユニホームで5回日本一になろう。君たちがその先駆けになってほしい」と選手たちには言っています。

――敵を作っても貫けたのは、勝てる自信があったからでしょうか。

鍛治舎　厳しいですよね。退路を断って有言実行するというのは。でも、「結果を出して当たり前」という状態にしないと、自分自身の覚悟が決まりませんから。

批判する前に魅力づくりを

――今後、野球留学はどうなっていくのか、鍛治舎監督の考えを教えてください。

鍛治舎　チームの魅力づくりが一番のポイントだと思います。実際に大阪から全国の高校へ選手を送り出していたこともありますし、今は公立高校の立場でトップの選手が県外に行ってしまう現状も見ています。でも、県外に行くという本人の意思は止められないもの。それに県外に行けば甲子園に行ける、その先の展望も見えてくるという魅力があるということ。それを唯一止められるのは、県内に魅力のあるチームをつくることです。私学だろうが公立だろうが、魅力のある学校に選手は集まりますから。出ていく選手やとる学校を批判する前に、まず自分たちの魅力をつくることが大事ではないかと思います。

――他にも野球留学生に関して問題だと感じることはありますか？

鍛治舎　私学は宗教系の学校も多いですよね。日本国憲法で「信教の自由」は保障されているわけです。自分が信じる宗教の学校に行ったら、「野球留学生だ」と言われるのには違和感を覚えます。それに、人口が減少していくなかで、今後は県外どころか外国人枠が必要になるかもしれません。また、公立は授業料がほとんど無償。私学だけが「特待生は5人までが望ましい」と縛られるのも、批判はしませんが、変だと感じます。

――貴重なお話をありがとうございました。

第5章

滋賀学園(滋賀)

沖縄パワーで脱・近畿コンプレックス
異色の新興勢力が示す独自の存在感

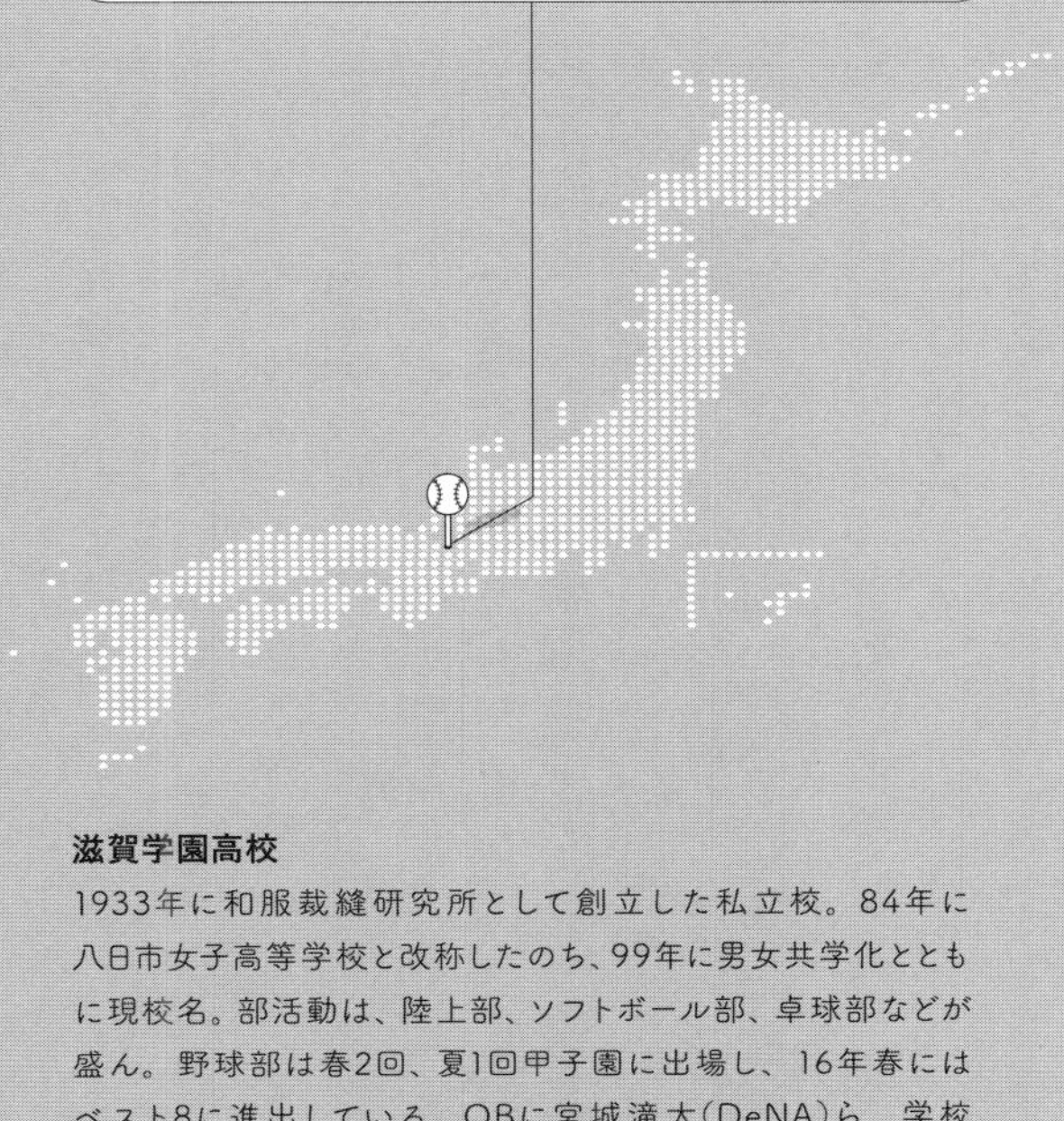

滋賀学園高校

1933年に和服裁縫研究所として創立した私立校。84年に八日市女子高等学校と改称したのち、99年に男女共学化とともに現校名。部活動は、陸上部、ソフトボール部、卓球部などが盛ん。野球部は春2回、夏1回甲子園に出場し、16年春にはベスト8に進出している。OBに宮城滝太(DeNA)ら。学校OBにはジョン・カリウキ(元・陸上選手)などがいる。

—

学校所在地:滋賀県東近江市建部北町520-1

—

寮費:月58,000円(2食)

「滋賀学園」という校名なのに滋賀県民が来づらい皮肉

東京の人間からすると、近畿の野球は独特のアクの強さを感じてしまう。能力の高い選手も多いが、それ以上に野球ＩＱの高さを感じさせる。幼少期から野球をこってり仕込まれており、実戦になればなるほど存在感を発揮する選手が多い。

試合中の野次ひとつ取っても、痛いところを突いてくる。関東のチームと近畿のチームによる練習試合で、三塁側ベンチに陣取った近畿チームが、目の前を守る関東チームのサードに対して集中砲火を浴びせるシーンを見たことがある。そのサードは送球が不安定で、打球が飛ぶたびに三塁側ベンチから「あるよ、あるよ～」と野次られるため、明らかに動揺していた。試合も、近畿チームが圧倒した。

近畿＝野球の本場というイメージと、自己主張の強い関西弁の魔力。それらが相まって、私のように近畿野球へのコンプレックスを抱く人間が増殖するのかもしれない。

近畿圏には強豪校、名門校がひしめいている。また、近畿圏の中学野球は全国の野球強豪校の人材供給源になっている。その一方で、近畿圏で野球留学生を集めているチームは多くない。全国から中学日本代表クラスの逸材が集う大阪桐蔭以外は、基本的に近畿圏の選手中心で構成している高校がほとんどだ。

そんななか、異色と言えるのが滋賀学園である。2019年度の3年生は北は北海道、南は沖縄まで選手が集まった。滋賀県出身の選手は少なく、高校野球ファンの間で批判を浴びやすいチームである。

とくに沖縄のイメージが強いのが特徴だ。2017年春のセンバツでは、ベンチ入りした7人が沖縄出身の選手で話題になった。そんな一見、奇異に映る近畿の新興勢力に俄然、興味が湧いた。

滋賀学園があるのは、滋賀県東近江市。琵琶湖の東南側に位置する。琵琶湖へと注ぐ愛知川の川沿いに野球部専用グラウンドがある。学校最寄りの河辺の森駅まで歩いて20分強で、それほどアクセスが悪いとは思えない。だが、滋賀学園の山口達也監督は言う。

「近江鉄道は日本一運賃が高い路線と言われていまして、私学の学費を払ってさらに交通費が高いとなると敬遠されてしまうんです。滋賀の高校でJR沿線にないのはウチだけ。すぐ東には鈴鹿山脈があって、『陸の孤島』と言われています」

滋賀学園という滋賀を前面に押し出した校名だというのに、滋賀県民が来づらい環境にあるというのは悲劇的な皮肉だろう。

目の前で捨てられた名刺

山口監督のフルネームを見て既視感を覚える人も多いかもしれない。大多数の人が知る山口達也は元・TOKIO。だが、こちらの山口達也は元・TASAKIである。「滋賀学園に来る前は、神戸の田崎真珠（現・TASAKI）というメーカーで働いていました。真珠の養殖、加工や宝石の販売をする会社です」

滋賀の大津商、青森大で野球をプレーした山口監督は、大学卒業後に5年間サラリーマン生活を送っていた。野球の指導者を志した折、八日市女子という女子校が共学になり、男子生徒獲得のために野球部強化への機運が高まっていることを知った。知人を介して2000年に滋賀学園のコーチとなり、2001年から監督に就任した。

創部当初は県内の生徒中心に構成していたが、山口監督によると「選手の髪も長いし同好会みたいだった」という緩い雰囲気だった。アクセスの悪い私学となると、入学希望者を集めることは難しい。そこで、山口監督が就任した3期生から県外の部員をとり始めた。山口監督は当時を振り返る。

「野球で男子をとるということ、学校を宣伝しないといけないということ。これは学校経営のためですね。まず学校に人を呼ぶことが第一。もし学校がJR沿線にあって、県内から通いやすい環境だったら、県外の子はとりにいってなかったと思います」

とはいえ新興私学であり、選手を集めることは困難を極めた。山口監督の知人を介して選手を紹介してもらう形で、なんとか入学者を確保していった。

「飛び込みで中学硬式のチームを回って名刺を配っていったんですけど、聞いたこともないような学校名ですから最初はけんもほろろでした。なかには『どこにあるん？』と聞かれて。いやいや、『滋賀学園』って思いっきり書いてありますから……と。渡した名刺が帰り際に目の前で捨てられていたこともありました」

どんなに邪見にされようとも、山口監督は挫けなかった。「こういうことはサラリーマン時代の営業で慣れていたので、経験が生きました」と山口監督は笑う。

関西圏には、すでにビッグネームになった高校がひしめいている。大阪は大阪桐蔭に履正社。兵庫は報徳学園、神戸国際大付。京都は龍谷大平安。奈良は天理に智辯学園。和歌山は智辯和歌山。そして滋賀には近江がある。そこへ割って入るのは容易ではない。

当初は「キャッチボールができる子くらいしか来てもらえなかった」と苦笑する山口監

督だが、それでも滋賀という地理的なメリットも感じたという。

「球児の親には『息子の応援に行きたい』という願望があるんです。だから親元を離れるといっても『2時間圏内』というのはポイントでした。関西から福井に野球留学生が多く行くのも、親が2時間以内で応援に行きやすいからという理由もあるはずです。ウチは大阪から車で1時間かからないくらいなので、当初は枚方、寝屋川、交野あたりから選手が来てくれました」

3期生が3年生になった2003年夏、滋賀学園は初めて滋賀大会で準決勝に駒を進める。優勝する近江に2対3で惜しくも敗れ、甲子園出場はならなかったが、2006年には室内練習場も完成して滋賀大会決勝戦に進出。ここでも八幡商に敗れて甲子園出場はならなかったが、着実に結果を残せるようになっていた。

甲子園には届かないものの、チームが強くなるにつれ部員数は順調に増えていった。80人入ればいっぱいになる寮も、安定して75人は埋まるようになった。だが、県外生が増えるとともに山口監督の頭を悩ませたのは、外野からの冷たい視線だった。

「試合会場に行ったら、高校野球ファンから『県外生ばかり集めやがって』と直接言われることもありました。会場の雰囲気はどうしてもアウェーな感じになりますよね」

とくに滋賀には「アンチ私学」の風潮があると山口監督は感じている。そもそも滋賀には私学の数が少なく、県内の中学校の教員が私学志望の生徒に対して「なんで私学に行くの？ メリットはあるの？」と進路指導していることも耳にするという。勉強ができる生徒は公立校へ、勉強ができなかったり問題行動があったりする生徒は私学へ。そんな振り分けが県民の脳裏に潜在的に刻み込まれているようだ。

その背景には、滋賀県の歴史と地理的な事情が関係していると山口監督は見ている。

「滋賀という県は中心に琵琶湖があり、水があり、土地があり、米も作れる。さらに物流の通り道になっているので、何もしなくてもモノが落ちていく。つまり競争しない、保守的な土壌ということは言えると思います。大阪などと比べると、どうしても競争意識が薄く、出る杭は打たれやすい環境なのかもしれません」

「近畿コンプレックス」とは無縁の沖縄球児

甲子園に出られないまま迎えた２００９年。山口監督は土俵際の徳俵に両足がかかっている状態だった。もし、この年にも甲子園に行けなければ、野球部の監督を解任すると言われていたからだ。

夏の大会を控えた6月、緊迫感のある日々を過ごすなか、滋賀学園はPL学園（大阪）と練習試合で対戦することになった。

現在は休部中とはいえ、甲子園優勝7回、数々の名選手を輩出してきた名門である。その年も2年生にしてプロスカウトから注目されていた吉川大幾（現・巨人）らを擁し、夏の甲子園に出場することになる。山口監督にとっては、PL学園と練習試合ができるだけでも、興奮する出来事だった。

「練習試合なのにギャラリーも多いし、公式戦よりも緊張しました。シートノック中でも、PLの選手たちは余計な声を出さない。打球の音も他のチームとは違うふうに聞こえましたし、あの胸のロゴマークを見ただけで感じるものがありました」

そんな憧れの名門を相手に、滋賀学園は大善戦を見せる。それ以前から練習試合で甲子園出場クラスの強豪相手に勝てるようになっていたが、PL学園にも食らいついた。追いつ追われつのシーソーゲームの末、滋賀学園は2点差でPL学園を破ってしまう。

山口監督はその夜、1人で祝杯を挙げた。

「PLに勝つということは、甲子園に行くよりも価値のあることちゃうんか？　と思うと、もう思い残すことはないというかストンと落ち着いた気がしました。あの試合で僕も選手も『やれるんちゃうんか？』という思いが出てきました」

「負けたらクビ」というプレッシャーから脱し、「もう負けてもいい」という境地に至ったことで、余計な肩の力が抜けた。そんな指揮官の変化が、選手にも好影響を与えたのだろうか。夏の滋賀大会に入っても、選手たちはのびのびと力を発揮した。

「子どもらが勝手に力を出してくれて、僕は邪魔しないように見ているだけでした。PL戦の緊張感に比べたら、滋賀大会の準決勝、決勝でも重圧は感じませんでした」

準決勝は北大津に4対3と競り勝ち、決勝戦は近江に7対1と完勝。初の甲子園切符は、山口監督の首がつながったことを意味した。

沖縄との縁ができたのは2012年12月のことだった。沖縄に住む知人から山口監督に「内地で野球をやりたい子がいるんだけど、パイプがないんだ」という連絡が入る。どんな選手か、どんなチームかも知らなかったが、その年に甲子園に行けず意気消沈していた山口監督は「傷心旅行のつもり」と割り切って沖縄へ飛んだ。

沖縄の中学球児は、浦添ボーイズの添盛空という選手だった。監督の話を聞くと、オール4程度と学力も高いという。滋賀学園のパンフレットを見せると、本人も前向きな姿勢になってくれた。こうしてプレーも見ないまま、添盛の滋賀行きが決まった。

沖縄には「ウチナータイム」という言葉がある。たとえば「19時から集会がある」と決まっていても、自宅を19時に出発する。そんな時間にルーズな県民性を言い表している。山口監督は沖縄県の選手を預かるにあたって、沖縄特有の緩やかさを警戒していた。だが、実際には杞憂に終わったという。

「添盛は真面目でよく練習したし、学校生活も超優等生。沖縄県民ならではのルーズさはありませんでした。たった1人で沖縄から滋賀にやってきたのに、本当によくやってくれました。最後にはレギュラーになってくれましたしね」

添盛が滋賀学園にもたらした効果はこれだけに留まらなかった。沖縄に帰省した添盛は、滋賀学園での生活を地元の後輩たちに広めてくれた。その評判は口コミで広がり、翌年は2人、その次の年は6人と、沖縄から滋賀学園に進む選手が増えていった。山口監督は、今でも添盛への感謝を口にする。

「あの子じゃなかったら、沖縄との縁もそれまでだったかもしれません。素晴らしいパイオニアになってくれました」

山口監督はその後、年に2回沖縄に渡って縁のできたチームを回るようになった。沖縄からの選手が増えるにつれ、「山口は沖縄に家まで買うたらしい」という事実無根の噂話を流されることもあったという。

沖縄から選手が来るのは、滋賀学園に魅力を感じる以外にも理由があると山口監督は考えている。

「沖縄は失業率が高く、賃金が安いんです。だから『県内で就職するより仕事がある内地で就職したほうがいい』という感覚の人も珍しくない。外に出ることに抵抗がないので、『早めに内地に出たほうがいい』という考えになるようです」

添盛の2学年下、7人入ってきた沖縄出身者は能力の高い選手が多かった。とくに北谷ボーイズ出身の神村月光、武井琉之は早い段階から戦力になってくれた。

2015年秋の滋賀県大会では準決勝で北大津に6対10で敗れたものの、3位校として近畿大会に進出する。近畿大会ではいきなり大阪1位の大商大堺と対戦。あと一歩のところで甲子園出場を逃し続けているものの、レベルの高い大阪で上位常連の強敵である。だが、滋賀学園は6対1で大商大堺を破ってしまう。

続く準々決勝の相手は兵庫2位の報徳学園。兵庫きっての名門相手でも、滋賀学園は1年生エースの神村が報徳学園のエース・主島大虎（現・Ｈｏｎｄａ鈴鹿）と壮絶な投手

戦を演じてみせた。山口監督は、神村のメンタリティーに舌を巻いた。
「神村をはじめ、沖縄の子たちは『近畿コンプレックス』をまったく持っていなかったんです。試合前に『報徳学園を知ってるか？』と聞いても、知らないというんです。あの緑色のアンダーシャツも、まったく知らない。知っているのは大阪桐蔭だけ。その大阪桐蔭に勝って大阪1位になった大商大堺だって、全然知らないんですから。『知らない』ということは、時に強みになるんだということを教えてもらいました」
報徳学園が甲子園で春夏合わせて3回も優勝していることも、甲子園通算55勝（現在は60勝）していることも、沖縄の選手たちにとっては関係なかった。延長14回の末、滋賀学園は1対0で報徳学園を破り、翌春のセンバツ出場を確実とする。

さらに準決勝では、これまた名門の京都1位・龍谷大平安を8対1、しかも7回コールドで破り決勝進出。決勝では沖縄出身者が唯一知っている大横綱・大阪桐蔭と対戦して、2対3で敗れた。この試合ばかりは、山口監督曰く「選手も力が入っていた」という。

なにはともあれ、無欲の沖縄パワーが原動力となり、滋賀学園は初めての春のセンバツ出場を決めたのだった。

滋賀県議の「負けてまえ！」暴言騒動

春のセンバツに向けて甲子園へと出発する直前、滋賀学園野球部はある騒動に巻き込まれていた。

2016年3月16日、滋賀県庁での激励会に出席した選手、関係者は学校の送迎バスに乗り込んだ。すると、そこへ初老男性が怒り心頭の面持ちでバスに乗り込んできた。

「どこの学校や！　なんちゅうとこへ停めてんねん！」

あとで知ったことだが、この人物は滋賀県議会議員だった。県庁前の路上にバスを停めていたことに腹を立てている様子だったが、滋賀学園の関係者にとっては寝耳に水だった。なにしろ、この停車位置は滋賀県教育委員会から指定された場所だったからだ。

さらに県議はこんな暴言を吐いた。

「お前らなんか負けてまえ！」

その言葉に、山口監督は我を忘れそうになった。これから滋賀県を、近畿地区を代表して甲子園へと向かおうとする選手に向かって、なんてことを言うのか。だが、周囲に制止されてやっとのことで思いとどまった。

だが、そんな心ない暴言などどこ吹く風で、選手たちは初めての甲子園舞台で旋風を巻き起こした。そもそも沖縄出身選手が多いという話題だけでなく、バラエティーに富んだ顔ぶれだった。主砲の馬越大地（現・日本大）はバットヘッドを頭上でクルクルと回す変則打法で「ヘリコプター打法」と呼ばれ、セカンドの井川翔（現・茨城アストロプラネッツ）は光アレルギーのためサングラスを着用してプレーして注目された。

初戦は桐生第一（群馬）に9対5と快勝。2回戦は21世紀枠で出場した釜石（岩手）に9対1で完勝してベスト8に進出した。準々決勝は大会優勝校となる智辯学園（奈良）に0対6と完敗したものの、全国の大舞台で鮮烈な印象を残した。

アルプススタンドでは指笛が鳴り響いた。いかにも沖縄出身者が多いチームカラーを反映していたが、意外な裏話を山口監督は明かす。

「実は沖縄出身でも指笛を吹けないヤツは多いんです。むしろ滋賀出身のヤツのほうが指笛を吹いていたんですよ。その後、『うるさい』と言われてしまったので、もう今では指笛の応援はやっていないんですけど」

準々決勝で敗れて滋賀に戻ってくると、大会前に起きた県議との一件が全国紙で報道された。すると後追いでテレビのワイドショーでも取り上げられ、滋賀学園には励ましの電話や手紙が殺到。山口監督のもとにも多くの反響が寄せられた。県議との騒動によって、図らずも滋賀学園の名前が全国に広く知れ渡ったのだった。

当初、「謝罪はしない」と強気の姿勢を見せていた県議だったが、県議会事務局などに抗議が500件あまり殺到すると、滋賀学園の校長宛に謝罪の電話を入れている。

滋賀学園は2016年秋にも近畿大会へ出場すると、今度は智辯和歌山を13対6で破った。準々決勝では再び報徳学園と対戦して1対0で破り、2年連続となるセンバツ出場を決めた。その戦いぶりを見て、山口監督は手応えを深めた。

「近畿大会ではどこもウチと当たるのがイヤみたいです。バッターはブリブリ振っていくし、沖縄のヤツらはすごい身体能力で向かっていくものですから」

⚾「滋賀は北海道より寒いです」

2016年春のセンバツでベスト8に食い込んだ滋賀学園を見て、進路を決めた選手は多かった。

沖縄県の浦添ボーイズでプレーしていた比嘉天佑は、ボーイズの2学年先輩である小浜崚史がレギュラーショートとして、棚原孝太が2番手投手として甲子園でプレーする姿をテレビで見つめていた。

「自分も親元を離れて寮生活をして、人として少しでも成長したい」

そんな思いが芽生え、沖縄から滋賀学園へと進学することを決めた。小浜、棚原ら先輩が在籍していることも「心強い」と思えた。

しかし、滋賀に来てみて驚いたことは、想像以上に寒いことだったと比嘉は言う。

「沖縄では雪は降らないので、今まで感じたことのない寒さでしたね」

滋賀県に雪のイメージを抱かない人は多いだろう。だが、滋賀学園の野球部専用グラウンドがある東近江市川合寺町の一帯は、雪が多く降ると山口監督は言う。

「川（愛知川）に向かって雲が来て、このあたり（川沿い）だけ降るんですよ。道を挟んだ先では降っていないこともありますから」

冬は雪が降り、夏は日差しを避けるものがほとんどないため猛烈に暑い。それがこの近辺の特徴だった。

「滋賀は北海道より寒いです」

そう証言したのは、北海道の新ひだか町から滋賀学園にやってきた掛川優である。掛川はこう続ける。

「北海道は家のなかは暖房が効いていて暖かいんです。滋賀は体の底から冷える感じ。雪質も違っていて、北海道はサラサラしているんですけど、滋賀の雪は水気を含んでいる。雪玉が作りやすいので、寮の近くで雪玉を投げて遊ぶこともありました」

日高シニアでプレーしていた掛川は、春のセンバツを見て4番・馬越の「ヘリコプター打法」に心惹かれたという。

北海道から滋賀学園に進んだ選手はいなかったが、人が人をつなぐ形で滋賀学園へと行き着いた。日高シニアの浦川聡監督は北海道の名門・北海高校出身。浦川監督は高校の後輩でもある、北海の平川敦監督に掛川の進路について相談する。平川監督は昭和46年度生まれのアマチュア野球指導者の同期会である「46会」の会員で、山口監督も同会会員というつながりがあったのだ。

基準となる「オール3以上」の成績は満たしていたため、進学することは問題なかったが、ひとつ問題があった。その時点で寮の定員がオーバーしていたのだ。しかし、この障壁は意外な形でクリアされる。新ひだか町は数々の名馬を飼養してきた競走馬の町として知られている。そうした縁でJRA栗東トレーニングセンターがある滋賀県栗東市に親戚が住んでいたのだ。掛川は寮に空きが出るまでは栗東市で下宿することになった。

2017年度入学の部員は掛川の北海道民から比嘉ら3人の沖縄県民まで、幅広い範囲から滋賀学園に集まった。しかし、大多数は大阪など近畿からの入学者である。

そんななか、地元・東近江市の湖東中学校から入学したのが谷田竜也だった。谷田は東近江市の軟式クラブ・びわこクラブでプレーしていた。

「中学3年のときに滋賀学園が甲子園に出て、もともと地元で野球をしたい思いが強かったので、それなら甲子園を目指せるのは滋賀学園しかないと思って入りました」

前述の通り、滋賀学園には地元・滋賀から進む選手が少ない。山口監督が「県外生が多いからという理由で、地元の選手から回避されてしまっている」とこぼすように、谷田の周囲でも「無理なんちゃうか？」という声も少なくなかったという。だが、谷田にはやっていく自信があった。

「周りは無理やと言っていましたけど、絶対にいけるという自信がありました。それにもしレギュラーになれなくても、仕方ないと割り切るつもりでした」

比嘉は寮、掛川は下宿、谷田は通い。それぞれの形で滋賀学園での高校野球生活がスタートした。

週2時間の外出時間を過ごすオアシス「アピア」

「今まで通り普通に生活しているつもりなんですけど、こっちでは『行動が遅い』って言われて、先輩によく怒られていました」

比嘉はそう言って頭をかいた。沖縄の「当たり前」が滋賀では「ルーズ」と言われる。そこで初めて、自分が「ウチナータイム」に毒されていたことを悟った。集合時間ギリギリに間に合って「セーフ」と安心していても、周りは「もっと早く来い」と言う。「5分前行動」という言葉は比嘉の辞書にはなかった。

また、関西弁にも恐怖を覚えた。

「関西弁が怖いなぁ、という思いはありましたね。しゃべるスピードが速くて、ガツガツしてる。最初は聞き取るだけで精いっぱいでした」

関西人特有の我の強さにも面食らった。比嘉は「どんどん自分を出していって、気持ちが強い」と評する。北海道出身の掛川も「関西の選手はアピールがうまい」と、自己主張が苦手な自分との引け目を感じていた。

関西人のよさはどこにあるのか。そう比嘉に聞くと、少し考えた上で「面白いところです」と答えた。雑談をしていると、よく「それでどうしたん?」と聞かれることがあるそうだ。関西人は、決してオチのない話を許してくれない。

寮生が慣れない生活に悪戦苦闘しているのを尻目に、自宅から自転車で通う谷田は平然としていた。寮に入りたいと思ったことは「一度もない」そうだ。

「寮生活は厳しいと前々から聞いていたので、全然入りたくないです。でもユニホームの洗濯は自分でやっていました。家の飯はめっちゃうまいです」

毎週日曜日には、家族揃って焼肉をするのが谷田家のならわしだという。普段はバラバ

ラに食事することの多い自営業の父や3人の姉妹も、この日ばかりは全員揃って肉を焼く。谷田は毎週この日を楽しみに生きていると言った。

一方、寮生たちの楽しみはどこにあるのか。比嘉に聞くと、こんな答えが返ってきた。

「毎週水曜日がオフなんですけど、2時間だけ外出が認められるんです。そこでみんなと『アピア行くか』と言って、買い物に行くんです」

アピアとは、近所のショッピングセンターのことである。自転車で約10分かけてアピアに向かい、服や日用品を買う。それが寮生に許された楽しみである。なかにはカラオケボックスに行く者もいるが、移動時間を考えると歌えるのは1時間が限度だという。

基本的に野球部員は携帯電話を持つことを禁

じられている。そのため、寮には携帯電話が2台、通話用に常備されていた。

一方、1年時に栗東で下宿生活を送っていた掛川はホームシックにかかっていた。北海道から単身、滋賀に乗り込み、近畿や沖縄など育ってきた文化の違う同世代と接するストレス。言葉の壁。厳しい練習。それらが一気に押し寄せ、入学してしばらく、掛川は「北海道に帰りたい」と思い続けていた。

「やっぱり親の存在が大きかったのかなと思います。それでも、なんとか活躍する姿を見せられたら……という思いで毎日を過ごしていました」

冬場には滋賀学園名物の加圧トレーニングで体をいじめ抜いた。長い冬が明けて春を迎えると、選手たちの打球は見違えるように変わっていた。

いつか「滋賀に来てくれてありがとう」と言われる日まで

滋賀学園の2017年度入学生が不幸だったのは、同学年に林優樹―有馬諒という鉄壁バッテリーがいたことだろう。

2人を擁する近江は、3年間で甲子園の舞台を3回踏んでいる。とくに2018年夏はベスト8に進出した。小柄ながら正確なコントロールと落差の大きなチェンジアップを武器にする左腕の林に、高校生とは思えないヘッドワークと強肩強打でプロスカウトからも熱視線を送られた有馬。彼らの前に、滋賀学園は何度も苦杯をなめた。

最上級生になり、4番打者を任されるようになっていた谷田は言う。

「近江という最大のライバルがいて、そこに勝つことは新チームからの目標でした。林は甘いボールが1球も来ないし、有馬はしつこいリードをしてくる。なんとか勝ちたいと思ってやっていました」

2018年秋の滋賀県大会では準決勝で対戦し、1対7と完敗。翌春の県大会決勝では0対4で敗れた。3番・センターの主力に成長していた比嘉は、その牙城の高さをあらためて痛感していた。

「もともとは『大阪桐蔭や履正社に勝てるチームになれ』と言われていたんですけど、近江に1回も勝てないので、『打倒・近江』に変わっていきました」

地域からの応援も身に沁みた。「ガイジン部隊」と叩く層はインターネット上のごく一部のこと。地元の人々は滋賀学園の野球部員を見ると、温かい言葉を送ってくれた。

「近所の人は挨拶をすると『おかえり〜』と返してくれるし、『応援しているよ』と励ましてくれます。野球留学をしたからといってイヤな思いをしたことは一度もありませんし、むしろ『受け入れてもらっている』という実感がありました」（比嘉）

「グラウンドで練習をしていると、川沿いの土手を通りかかった車の窓が開いて『頑張れよ〜！』と声援をもらえることもあるんです。それはうれしいですね」（谷田）

夏はなんとしても、近江に勝つ。そんな意気込むチームにあって、苦悩の日々を過ごしていたのが掛川だった。夏の滋賀大会を戦うための20人定員のベンチ入りメンバーに、掛川は入ることができなかった。北海道の両親や中学時代の恩師に連絡することは、気が重かった。掛川は寮の携帯電話を手に取り、それぞれに電話を入れた。

「春先に盲腸の手術を受けて、2カ月くらい出遅れてしまいました。背番号をもらえなくて、本当に申し訳ないな……と思いました。せっかく滋賀まで送り出してもらったのに、申し訳ないです」

しかし、2年以上苦楽を共にした仲間たちと高校最後の夏を戦うため、掛川は気持ちを切り替えてチームを裏方として支えることに決めた。掛川は「最後はチーム全員が同じ目標に向かってやっていけたのかなと思います」と振り返る。

しかし、最後の夏はあれほど執念を燃やした近江戦にたどり着く直前、準決勝の光泉戦で敗れてしまった。序盤の4点リードを追いつかれ、延長11回表に2点を勝ち越しながら、6対7の大逆転サヨナラ負けだった。

入学直前に先輩たちのセンバツでの奮闘を見て、自分たちも……と憧れた甲子園の舞台には結局一度も届かなかった。だが、彼らにはそれぞれ3年間で手にした勲章がある。

当初は関西人に圧倒され、ルーズさを指摘されてきた比嘉は言う。

「寮生活を経験して、今までいかに家で親に甘えていたかを感じました。集団生活のなかで気配りをすることも学べたし、野球以外の部分も成長させてもらえた。すごく充実していましたし、沖縄ではできない経験がたくさんできたのかなと思います」

一方、滋賀学園に進学する際に周囲から反対された谷田は、高校生活をこう総括する。

「最後は4番を打たせてもらったので、『やったったぞ』という思いはありました。こんなド田舎で沖縄とか北海道とか、普通ならかかわれない仲間と出会えたことはよかったです。支えてくれた周囲への感謝の気持ちは大きいです。こうやって3年間一緒に過ごすと、誰がどこ出身とか、今となっては関係なくなります」

比嘉は日本大に、谷田は流通経済大へ進学する。それぞれ未知の関東での大学野球生活を送ることになる。

そして、掛川は北海道に戻り、北海学園大で野球を続けることになった。滋賀学園でベンチ入りできなかった悔しさは、大学で晴らすつもりだ。

「中学までは本当に弱虫で、よく叱られては泣いていたんですけど、滋賀に来て精神的に強くなれたと思います。いつも落ち込む姿を見せずに前向きに過ごしている沖縄の子たちを見て、すごく刺激を受けました」

谷田が活躍したように、滋賀県内で敬遠されてきた滋賀学園にも地元出身の部員が増えてきた。地元に支えられる野球部をつくりたい。山口監督はそんな思いを根強く秘めている。それでも、今後もさまざまな地域から選手が集まる野球部であり続ける方針は変わらないという。

山口監督は、最後に晴れ晴れとした表情で、こんな希望を語った。

「神奈川の高校野球を見ると、県外生が活躍するとスタンドから『神奈川まで来てくれてありがとう!』という声が飛ぶんです。神奈川のレベルを上げてくれたことに感謝しているわけです。いつか、滋賀でもスタンドから『滋賀まで来てくれてありがとう!』という声が上がるようになってほしいですね」

第6章

石見智翠館（島根）

“東京から一番遠いまち”に集うヤンチャ集団
野球に没頭できる環境で研鑽を積む

石見智翠館高校

1907年に邑智裁縫女学館（通称：川本女学館）として創立した私立校。63年に男女共学化とともに江の川高校に改称し、2009年より現校名。部活動は、男女ともにラグビー部が強く、特に女子ラグビー部は全国大会優勝7回を誇る。野球部は春1回、夏10回甲子園に出場し、03年夏にはベスト4に進出。OBに谷繁元信（元・中日監督）、戸根千明（巨人）、水谷瞬（ソフトバンク）など。

—

学校所在地：島根県江津市渡津町1904-1

—

寮費：月55,000円

「東京から一番遠いまち」に集まる球児たち

前から思っていたことなのだが、山陰の人はもっと怒っていいのではないだろうか。なにしろ「山陰」である。山の陰と書いて、山陰。翻って広島や岡山などは「山陽」と呼ばれている。山陽は明るく、山陰は暗い。そんな偏見のようなコントラストがはっきりと地名になってしまっていていいのか。

ただし、由来を調べてみると「山陽」は「山の南側」という意味で、「山陰」は「山の北側」という意味合いで使われているそうだ。南天の太陽が昇ったとき、山の南側が明るくなり、北側は暗いまま。つまり優劣ではなく、方角を表している。そうか、なるほど……と納得してしまいそうになるが、でもやっぱり引っかかる。

それは、高校野球界でも山陽が華々しく甲子園で実績を残しているのに対し、山陰はどこかあか抜けない印象を残していることと無縁ではないのかもしれない。

2019年夏の鳥取大会の参加校は23校で、島根大会の参加校は39校。鳥取に至ってはシード校になればいきなりベスト16からのスタートになってしまう。

こうした背景から「山陰は甲子園に出やすい」という印象を与え、野球留学生が集まりやすい状況になってるのは間違いないだろう。鳥取なら鳥取城北、島根でいえば石見智翠館、立正大淞南、益田東といった学校は県外生が多く集まる。

石見智翠館は島根県西部、日本海側の江津市にある。中国地方最大の河川で日本百景にも選ばれている江の川が日本海に注がれる河口付近に学校があり、かつては河川の名前から「江の川高校」という名前だった。谷繁元信（元・中日監督）の母校であり、2003年夏には甲子園ベスト4に進出しているため、いまだに「江の川」のほうが通りはいいのかもしれない。2009年4月より現校名になっている。

野球部グラウンドのバックネット裏の一室に通されると、末光章朗監督から「遠いところをわざわざありがとうございます」と丁寧な挨拶を受けた。心なしか「遠いところ」という言葉に実感がこもっているように感じられた。なにしろ、江津市は「東京から一番遠いまち」と呼ばれている。これは陰口でもなんでもなく、江津市のホームページにも明記されていることなのだ。同市のホームページには、こう書かれている。

〈江津市は、高等学校「地理A」の教科書で「東京から一番遠いまち」として取り上げられました。これを逆手に取り、2016年には東京・渋谷ヒカリエでイベント「東京なんてフっちゃえば？展～東京からいちばん遠いまち島根県江津市からの提案」を

開催。江津で生まれたデザイン・製品を展示したほか、地元のクリエイターらによるトークセッションを開いたところ、3日間で1000人が訪れました。「東京から一番遠い」は、江津の売りでもあります。〉

直線距離ならもっと遠い場所はあるものの、東京から本州各地に鉄道で移動した場合、江津がもっとも所要時間が長くなるというのだ。なお、東京から江津までは、東海道新幹線（のぞみ）に乗車しても8時間前後かかる。

私は東京に在住しているが、石見智翠館を訪れる前日に川本町の島根中央高校を取材しており、レンタカーによる移動だった。「一番遠い」という実感はなかったが、広島市から江津市をつなぐ国道261号をペーパードライバーが運転するのは、なかなかスリルがあった。照明灯が少なく、道幅も広いとは言えない山あいの夜道を物流車両と思われるトラックが豪快に飛ばしていく。一瞬たりとも気が抜けないドライブになった。

ガイジン部隊率ナンバーワンの称号

2019年夏の甲子園に出場した49校のなかで、地方大会のベンチ入りメンバーの県外出身者がもっとも多かったのが石見智翠館だった。インターネットメディアのデイリー新潮では〈**夏の甲子園出場高、「外人部隊率」を調査、1位は元中日ドラゴンズ名選手の出身校**〉と題して、石見智翠館の「外人部隊率」が95パーセントで49代表のなかで一番だったことを報じている。

こうした記事が出ることは、末光監督の耳にも入ってくる。新聞記者から「野球留学生問題についてどう思いますか?」という直截的な電話がかかってくることもあるそうだ。末光監督は「昔はもっと露骨に言われたものですよ」と笑う。

末光監督は島根県出身ではない。もともとは黄金期のPL学園（大阪）で3年間を過ごしたバリバリの野球人で、あの名手・宮本慎也（元・ヤクルト）と二遊間を組んでいた。2年時の1987年にはベンチ外ながら甲子園春夏連覇を経験している。

大阪学院大、松下電器（現・パナソニック）を経て、大院大のコーチをしながら高校野球指導者としての口を探していた。そこへ、知人から江の川が指導者を探している情報を伝えられた。末光監督は採用され、1998年から監督に就任している。

就任当時から県外からの野球留学生は多かったが、その人脈が引き継がれることはなかった。末光監督は「監督が代わればまるっきり変わるものです」と語る。

「私は大阪の枚方シニア出身なんですが、最初はそこから人脈を広げていきました」

今でも石見智翠館に大阪出身者が多いのは、その流れが残っているからだ。最初は大阪の中学チームを回って有望な選手を見かけても、「この選手をください」とは口が裂けても言えなかった。勧誘は「県外希望の子がいたら紹介してください」という控え目な言葉にとどまった。つまり、強豪チームのバリバリの主力クラスが来ることはなく、その状況は今も大きくは変わっていない。

セールスポイントは「田舎」という点だという。赴任当初は「ほんま田舎やな……」と戸惑った末光監督だが、今は逆にメリットになると感じている。

「20年も経つと『のんびりしていてええな』と思うようになりました。田舎には田舎のよさがあるんです。だから中学生に声をかけるとしたら『せっかく3年間やるなら、野球に没頭できる環境で一緒にやろうよ』と言いたいですね」

そして、末光監督にはこだわりがあった。PL学園の人脈には頼らないことだ。

「最初は何も実績がないわけですから、そんな状態でPLの先輩方にお願いにあがるのもどうかなと思いまして。7、8年経って甲子園に出られるようになって、進路面でもある程度面倒が見られるようになるまでは、お願いすることはしませんでした」

付き合いのある中学チームの信頼を勝ち取り、また別のチームを紹介してもらう。すでに島根に選手が進んでいる中学チームへの勧誘は自重した。江の川に進んだOBの活躍ぶりを見た後輩が、後を追って入学してくる。そうやって地道に自力で人脈を築いていった。末光監督は「いろんな指導者の方と密に付き合っているうちに信頼してもらえるようになって、助けていただいています」と感謝する。

2003年夏、末光監督率いる江の川は甲子園に出場すると、3勝を挙げて過去最高のベスト4に進出する。

県外生を制限し、県内生を呼び込んだ時代

石見智翠館は一時、県外生を減らし、県内生を多く入学させようと方針転換した時期があった。

そもそも2009年に江の川から石見智翠館に校名変更したこと自体に、方針転換の理由があると末光監督は説明する。

「江の川という高校は、学校全体に『県外生が多い』というイメージが浸透していまし

た。地元の中学生にとって『行きたい学校』というイメージも薄かったんです。でも、東大合格者を出すなど、進学面の実績が上がってきていました。そこで学校創立100周年のタイミングで、『石見智翠館』に校名を変えて、地元の生徒にも来てもらえるようイメージを一新させたんです。『智翠館』という名前は、もともと難関国公立大学を目指す『智翠館特別コース』という学科があって、そこから名づけられました」

野球部では、県外生を受け入れる人数が1学年15人ほどに制限された。学校の思惑としては県内生15人、県外生15人の半々にするのが理想だった。実際には県内生は1学年あたり10名ほどだったが、以前より増加傾向にあった。2013年夏に甲子園に出場した際は、エース、正捕手、主軸の一塁手などベンチ入り18名のうち7名が島根出身者だった。

だが、その後は再び野球部に県外生が増加していく。それは近畿方面から「石見智翠館に入りたい」という希望者が多かったからだ。末光監督が説明する。

「関西から『行きたい』という子が多かったので、そうした子も受け入れようということで、県外生の数をまた増やしたんです。県外生の数が増えると、今度は県内生が少なくなってしまった。地元の中学を回って、ルールにのっとって面談もするのですが、ほとんどフラれてしまいますね」

２０１９年度の部員数は３学年合わせて１２１名。そのうち、県内出身者は10名程度だという。末光監督が20年以上かけて近畿圏の地盤を固めたことで、中学指導者の信頼を勝ち取り、入部希望者が増えている。その半面、県外生との競争を恐れる県内生からは敬遠されるようになる。皮肉な循環だが、私学としては入学希望者がいなければ学校経営が成り立たない。末光監督は「野球部や強豪のラグビー部は県外生が多くなってしまっても、学校全体では県内生と県外生の割合が半々になるバランスを維持したい」と語る。

関西気質は「最初に虚勢を張る」？

それにしても、石見智翠館を訪れてみてあらためて感じるのは、この江津で高校生活の３年間を送る決断ができる県外生の意欲である。

江の川の河口付近に学校があることは先にも述べたが、奇妙な立地をしている。県道３０２号浅利渡津線とＪＲの踏切が交わるその正面に、江津市立渡津小学校がある。

ところが、踏切を渡ってすぐ右手に「学校法人江の川学園　石見智翠館高等学校」の看板が立っている。案内に従って渡津小の校庭の外縁をぐるりとカーブを描きながら回り、狭い急坂を登ると、斜面を切り拓くように校舎がそびえる。この敷地内に石見智翠館の校舎、寮、グラウンドがすべて備わっているのだが、やや外界から隔離されている感もある。

末光監督は「野球に没頭できる環境」と話していたが、日常的に娯楽が周りにある人間にとっては腹を決めないことには踏み出せない環境のようにも思える。

だが、こと大阪の球児に関しては、島根で生活することに抵抗はないと末光監督は言う。

「大阪の子は北海道から九州まで、どこへでも出ていきます。大阪で勝負するか、地方で有名になるか。それは何十年も前からそうで、当たり前の感覚になっています。今なら大阪桐蔭や履正社から声がかからないなら、地方で寮生活をして甲子園を目指すことが普通になっていますよね」

しかし、石見智翠館を選ぶ選手は中学時代は強豪チームの脇役や控えクラス、もしくは弱小チーム出身が多い。「自分は主役になれなかった」という負い目があり、自己肯定感が低い選手も多いのではないか。そんな仮説を立てて石見智翠館を訪れた。だが、末光監督にその仮説をぶつけると、早くも否定されてしまった。

「関西気質だと思うんですけど、最初は虚勢を張っている選手が多いんです。中学時代は注目されていなかったけど、ここでは一からのスタートになります。地域柄『なにわのド根性』というのか、他の地域に比べると『負けるか！』という気持ちを出すヤツが多い気がしますね」

いかにも控え目で、自信がなさそうに入ってくる選手はあまりいないという。

それどころか、かつては中学時代に「ヤンチャ」と言われていたような選手も数多く在籍していた。末光監督は「ヤンチャなヤツは嫌いではないんです」と笑いながら、その操縦法を語ってくれた。

「ウチはまず、普段の生活がすべてです。部屋が汚いとか、洗濯ができていないとか、自己管理ができないヤツは野球をさせません。それに共同生活のなかで人に危害を与えて迷惑をかけるような人間は、社会に出て通用しません。きちんと寮生活を送れるようになって、3年間を送れば自制できるようになっていきますから」

このあたりはPL学園で地獄の寮生活を送ってきた末光監督ならではの考え方なのだろうか。末光監督が在籍した当時のPL学園は、1年生、2年生、3年生が厳格な上下関係のもと同部屋で暮らしていた。1年生は3年生を起こさないために、目覚まし時計のアラームが鳴る直前の「カチッ」という音で目覚める超人技が身につくという。

だが、末光監督は「PLの寮生活を智翠館でやらせたら、全員やめますよ」と笑う。

それでも、末光監督の根本にPL学園の教えがあることは間違いないそうだ。

「自分から生徒に向けて出る言葉の多くは、高校で教わったことです。細かな部分に気づくこと。最後までやり抜くこと。周囲への感謝の気持ち。毎日ベストを尽くすこと。特別なことをやってきたわけではないですが、原点であり根本だと思っています。今、PLの硬式野球部はありませんが、今の智翠館の子にもちょっとしたPLのエッセンスを伝えていきたいと思っています」

ちなみに、現在の石見智翠館のユニホームは、PL学園とそっくりのデザインである。末光監督は「パクリです」と潔く認めて笑った。

野球留学生と遠距離恋愛

3年生の関山愛瑠斗は大阪府高槻市の出身で、中学時代は枚方シニアに所属していた。枚方シニアは末光監督の出身チームであり、毎年選手が石見智翠館に進んでいることは関山も知っていた。枚方シニアのヘッドコーチから「智翠館はどうや？」と勧められ、関山は石見智翠館に進学することを決意する。

「中学は上下関係がきつくなくて、練習の雰囲気が楽しそうやったところを選びました。でも、高校は逆にスパルタでもいいから、壊されにいく覚悟で厳しいチームに入りたかったんです」

身長165センチと体格的には恵まれていないものの、関山の眼光は鋭い。いかにも気の強そうな大阪人気質を持っている。

とはいえ、1年目は厳しい練習と慣れない寮生活で疲労がたまる日々を過ごした。練習は20、21時まで続き、毎日ひたすら終わる時間を待った。

現役部員はスマートフォンを持つことは許されない。連絡手段は寮にある公衆電話。4台しかないため、時には順番待ちの列ができる。先輩が後ろに並んだら後輩は一声をかけて、電話を切るのが暗黙のルールだった。

スマートフォンを禁止することに対して、「時代錯誤」と見る層もいるだろう。今やスマートフォンは連絡手段だけでなく、情報収集など幅広い用途に応えられるツールになっている。学校によっては、未来を見据えてＩＴ機器を使いこなせるよう積極的に教育しているところもあるほどだ。だが、末光監督はスマートフォンのメリットを理解した上で、「なんでも文明の利器に流されなくてもいいのかなと思うんです」と語った。高校3年夏までの2年4カ月、脇目も振らずにひとつのことに熱中する時期があってもいいと考えているからだ。

とはいえ、1年生はまだ15歳。夜な夜な公衆電話に並び、実家の両親や故郷に残してきた彼女に電話をかける。しかし、遠距離恋愛はほとんどうまくいかないと関山は言う。

「だいたいフラれますね。自分たちの学年は、最後まで続いたのはいませんでした。ひとつ上の代に1人だけ遠距離（恋愛）が続いた人がいましたね」

こうして彼女と別れ、寮生活に慣れていくにしたがって、徐々に公衆電話から足が遠のいていく。末光監督は「だいたい上級生は使わなくて、気持ちが中途半端な1年生が公衆電話のあたりをウロウロしています」と笑う。

関山が江津で1年を過ごすと、当然のように新入生が入ってくる。神奈川県の強豪硬式クラブ・都筑中央ボーイズでプレーした片岡竜玖は、中学時代は副キャプテンを

彼女と別れちまったのか？
これで俺たちの代も全滅か・・・

務めていたが、れっきとしたレギュラーというわけではなかった。

「最後の夏の大会は半分出て、半分控えみたいな使われ方でした。高校は『寮生活ができる強豪に行きたい』という希望があったくらいで、行きたい高校はなかったんです。会長の前田幸長さん（元・ロッテほか）と石見智翠館の末光監督につながりがあったこともあって、誘ってもらえたので来ました」

学校見学には、都筑中央ボーイズのチームメートと行くことにした。双方の両親を含め計6人が1台の車に同乗。夜に横浜を出発して、12、13時間かけての長距離ドライブで江津を目指した。車窓の外には高速道路の無機質な景色が広がっていたが、片岡は次第に建物が何もない寂しい景色に変わっていくことに気づかされた。

石見智翠館の練習を見て、片岡は「ここでやりたい」という思いを固める。

「水谷（瞬）さん（現・ソフトバンク）のバッティングを見て、『こんなすごい人がいるんだ、面白そうだな』と感じました。ひとつのプレーに対して全員で声を出すし、グラウンドの真横に寮があって、いい環境だなと思いました」

数少ない島根県出身者として石見智翠館に入学したのは、大田市立第二中でプレーしていた林海恋である。「海に恋する」と書いて「あれん」と読む。父・剛がサーフィン愛好家で命名されたが、本人はサーフィンをしないという。

林が石見智翠館を志望したのは、父・剛がOBだからだ。島根大会決勝で敗れた父に代わり、自分が甲子園に出たい。そんな思いを抱いて、強豪の門を叩いた。

「智翠館は強豪で、練習がしんどそうなイメージがありました。周りの人からは『レギュラー獲れるの？』とか『やっていけるの？』と心配されました。もちろん、『県外生ばっかりだよ』とも言われました」

林が中学時代に所属した大田二中は強豪軟式野球部として知られる。全国大会にも頻繁に出場し、林は2番・ショートのレギュラーだった。

だが、想像以上にレベルは高かった。同期の部員は42名もおり、島根県出身者は4名だけ。半分以上が近畿出身者である。「関西弁は何気ない言葉がケンカ腰に聞こえてしまう」と戸惑っていた林だが、同時に影響を受けたことがあった。

「関西人はマイナスな言葉が少なくて、常に前を向くような言葉が多いんです。ミスをしても引きずらずに『次や次！』と言える。きつい練習にも明るく取り組むところにも影響を受けました。自分も中学時代よりプレーが積極的になったような気がします」

ささやかな楽しみは「からあげクンレッド」

2018年夏の島根大会で決勝戦に進出。甲子園まであと一歩に迫りながら、益田東に0対6と完敗した。そして新チームが立ち上がると、関山が新主将に就任した。下級生時は意識が高かったとは言えない関山だが、上級生になると一変していた。

「1日の練習のなかで、何がどこまでできるか。どうやって自分を成長させられるか、ということを考えるようになって、時間が足りないくらいの感覚になりました」

自ら「関西人はオラオラ系なんで」と言うように、強い口調と前向きな行動でチームを引っ張った。「口調がちゃうんで、島根や関東の子はシュンとしてしまう」と壁に当たりながらも、副主将で奈良・生駒ボーイズ出身の東田大輝の協力も得て、チームをひとつにまとめ上げた。

そんな上級生の姿を片岡や林ら下級生はまぶしく見つめていた。当初は寮生活に戸惑った彼らも、次第に順応していった。片岡に「寮生活でのささやかな楽しみは何か？」と聞くと、苦笑いを浮かべながらこんな答えが返ってきた。

「火曜日は軽く体を動かすだけで早く終わるので、夕方の6時まで外出が許されるん

です。そこで坂の下にあるローソンに行って、買い物をするのが楽しみですね。みんな買う物は決まってるんです。自分は『からあげクンレッド』です」

話を聞いているだけで、涙が出てくるような慎ましい生活である。

2018年秋は一次大会初戦で島根中央に2対3で敗れ、翌春は県大会準々決勝で出雲商に2対3で敗れた。だが、夏に向けて石見智翠館は着実に一体感を増していった。関山は学校近辺で地元住民に会うと、「ホント、甲子園に行ってよ!」と激励され、身が引き締まる思いがしたという。

また、2019年度から関山の2歳下

の弟・和が石見智翠館に入学していた。抜群の野球センスを誇る和は、1年生ながら早くもショートのレギュラーを奪い活躍する。

選手起用に関して、末光監督は「上級生と下級生の実力が同じなら、伸びしろのある下級生を使う」というこだわりがある。一方で、地元出身者をことさら優先して起用するようなことはないという。

「たしかに地元の方から『知ってる子が出てくれるといいよね』と言われることはあります。でも、これだけの人数がいるなかで監督が忖度してしまったら、選手の頑張り方が変わってきます。それに、3年間を過ごしていると、県内生も県外生も関係なくなりますから。最後は力でポジションを取ってくれるものです」

夏の島根大会は快調に勝ち上がり、2年連続の決勝進出。決勝の相手は島根県内屈指の強豪・開星だった。末光監督にとっては「お互いにガチンコで組み合っていい野球をして、絶対に負けたくない相手」と意識するライバルである。

石見智翠館は5回までに5点を先取してリードを広げる。だが、開星も粘り強く戦い、6回に2点、そして土壇場の9回2死から2者連続本塁打で3点を奪い返して5対5の同点になった。試合は延長戦にもつれ込み、延長13回表に開星に2ランホームランが出て7対5。石見智翠館は絶体絶命の状況に追い込まれた。

関山は13回裏の攻撃に向けてベンチに戻りながら、内心「負けるかもしれん……」と不安を覚えていた。だが、スタンドは相変わらず、熱い応援を繰り広げてくれた。

先頭打者が出塁すると、応援のボリュームはさらに増した。それを見た末光監督が、ベンチを鼓舞する。

「見てみい。こんな応援されてんのに、負けてええんか！」

直後、打席に入った関山はタイムリー二塁打を放ち、1点差に。だが、三塁を狙った関山はアウトになってしまう。それでもチームメートが連打でつなぎ、代打の3年生・伊藤海来が同点タイムリーを放つ。さらに関山の弟・和がヒットで続き、最後は満塁から2年生の熊代竣介が押し出し四球を選んで逆転サヨナラ勝ち。奇跡的な粘りで、石見智翠館は甲子園出場をもぎ取った。

島根県内で「ガイジン部隊」と呼ばれなくなった理由

甲子園出場が決まった途端、野球留学生の存在がクローズアップされるものである。

例に漏れず、石見智翠館も「島根県民は捕手の天野輝一の1人しかいない」と批判にさらされた。インターネットニュースやSNSなどでバッシングされることに対して、「気にならないことはない」と本音を漏らしたのは主将の関山である。

「『大阪第二代表』とか言われて、僕らはなんやねん……と思っていました。批判している人には、『島根で寮生活してみろや』と言いたいですね」

甲子園では初戦で高岡商（富山）と対戦。3年連続で夏の甲子園に出場している強豪を相手に、石見智翠館は善戦した。2対4と2点ビハインドの9回裏には、関山がレフト前に2点タイムリーヒットを放ち、同点に追いつく。延長戦にもつれ込んだ末、4対6と惜敗して関山たちの夏は終わった。

中学時代の関山は「大阪桐蔭、履正社なんか世界がちゃう感じ」とコンプレックスを抱いていた。だが、高校3年になって「桐蔭だろうと履正社だろうと勝つ自信はある」と言い切れるほどのたくましさを身につけていた。

1年生ながら甲子園でプレーした関山の弟・和をアルプススタンドから複雑な心境で見つめていたのは、夏のベンチ入りを逃した林だった。林は「和が活躍してくれるのはうれしいんですけど、自分との差が開いていくな……と思うと焦りがありました」

と本音を明かす。それでも、次の夏までに得意の守備を生かしてポジションを奪い取るつもりだ。そして、林はチームへの強い愛着を口にする。

「県外の選手だろうと県内の選手だろうと、一緒に野球をやっているんだし気にしていません。1年も2年もすごく仲がいいし、このメンバーが好きなんです」

一方、同じく2年生の片岡はすっかり寮生活に溶け込み、今では江津への思い入れを口にするようになった。

「一見何もないところですけど、住んだらいい町です。星がきれいなのには一番ビックリしました。病院に行ったら地域の人が『智翠館の子だね』と言って優しく声をかけてくださいますし、県外から来た選手も応援してくれるんです。甲子園に出たときは特産品をたくさん差し入れしてもらいました。『まる姫ポーク』という江津の豚肉があるんですけど、これはすごくおいしいんですよ。あと日本海の魚も新鮮でおいしいし、高級魚ですけど自分はノドグロが大好きです」

末光監督は2020年で石見智翠館での監督生活が23年目に突入する。地元の女性と結婚し、3人の子宝にも恵まれた。意識はもうとっくに「江津市民」である。

そんな末光監督は、最近気づいたことがあるという。

「ここ数年、県内で『ガイジン部隊』と呼ばれなくなってきたんです。それは県内の中山間部の公立高校が定員割れするようになって、関東や関西から運動部に限らず留学生を募集するようになったからだと思います。今、地方は公立も私学も留学生を呼ばないと、存続できない時代になってきていますから。県立が留学生を呼んでいるので、私学の我々も批判されなくなったんじゃないでしょうか」

末光監督は、そう言って満足げに笑った。

関山は高校を卒業後、同志社大で野球を続ける予定だ。関山に「もし生まれ変わっても、石見智翠館で野球をやりたいですか?」と聞いてみた。関山は真顔で「絶対にまた智翠館に来ます」と即答し、こう続けた。

「末光先生のもとでやりたいです。というか、これからもう1回、3年間をやり直したいくらいです。今の意識で1年生からやったら、絶対にもっとうまくなれますから」

たとえ1億円積まれても、高校野球をやり直したくない。疲れ切った顔で語る高校野球経験者がほとんどのなか、関山の「やり直したい」という言葉には、尋常ではない思いが滲んでいた。

最後に、関山に聞いてみた。「江津のことを知らない人に、よさをアピールするとしたら、どんな部分をアピールしますか？」と。

関山はしばらく頭をひねって考え込んだ後、「あっ」と思い出したような表情に切り替わってこう答えた。

「『智翠館がある』って言います！」

Column 3

公立校なのに野球留学生!?
——「しまね留学」と島根中央の取り組み

島根中央高校

川本高校と邑智高校が統合され、2007年に開校した県立校。部活動は陸上部、カヌー部、吹奏楽部などが盛ん。野球部は、浜田高校で和田毅（現・ソフトバンク）らを指導した新田均総監督、日高圭監督の指揮のもと、県内で上位進出を果たすなど着実に力をつけている。

学校所在地：島根県邑智郡川本町川本222

寮費：月3万4000円

しまね留学

公立高校に地元以外から生徒を募集する島根県の取り組み。生徒数が減少し廃校寸前に陥った隠岐島前高校が、2008年に県外生を募集。生徒数の増加に成功したことから、2011年に「しまね留学」として島根県全体で県外生の募集を開始した。現在は22校まで募集が拡大し、200名近い県外生が島根県に留学している。

公立も野球留学生を呼ぶ時代

野球留学生が多く入学する私立高校が批判され、地元出身者が大半を占める公立高校は応援される。乱暴にくくると、高校野球界は古くからこんな構図だった。ところが近年、その構図に変化が起きている。地方の公立高校のなかに越境入学者を広く募集する高校が目立つようになったのだ。

島根県は「しまね留学」と銘打ち、県を挙げて留学生を呼び込もうとしている。2019年度は県立22校が県外生を募集した。背景には深刻な少子高齢化問題が横たわっている。

県西の山間部にある津和野高校の熊谷修山校長は、その窮状を訴える。

「津和野町にある2つの中学校は1学年20人程度しか生徒がおらず、地元だけで生徒を集めるには限界がきています」

過疎が進む中山間地域では子どもの数が減り、地元の高校の定員が埋まらない。もし廃校になれば、それはひとつの高校がなくなるという物理的な損失以上に地域にもたらす打撃が大きい。熊谷校長が続ける。

「高校がないと他の地区の学校に通わざるを得ません。それなら子どもの教育にも便利な町に住もうとなって、津和野から人が離れ、UターンやIターンを考えている人の候補からも外れてしまいます」

つまり、地方の公立高校がなくなるということは、地域にとって「終わりの始まり」を意味するのだ。

しまね留学が始まるきっかけは、「離島の奇跡」だった。廃校寸前だった隠岐諸島の海士町にある隠岐島前高校が、学校と地域の魅力化に乗り出した結果、生徒数がV字回復。2008年には89名だった全校生徒が2019年には157名に増えた。その大きな要因は県外から留学生を呼ぶ体制を整えたこと。隠岐島前の生徒157名のうち、72名は県外からの留学生である。

隠岐島前の成功を受け、今では島根県内22校の公立高校が県外からの留学生を積極的に募集するようになった。そのなかでも、運動部を売りに生徒を募集しているのが、島根中央高校である。私はしまね留学が野球部と地域にどのような効果をもたらしているのかを調べるため、邑智郡川本町にある島根中央へと向かった。

広島でレンタカーを借り、高速道路で北上する。視界の先にはモコモコと筍が突き出るように、山々が連なる。浜田自動車道の大朝インターチェンジで降り、あとはひたすら山あいを通る国道261号で北へ向かう。途中、日本海へ流れる江の川にぶつかり、その川沿いに中心部がある川本町に到着した。人口3317人(2019年12月時点)の小さな町で、あたりにはコンビニエンスストアも見当たらない。道中、「振替納税推進の町・川本」という看板を目撃したが、これが町のセールスポイントなのだろうか。

島根中央は町の中心部、やや高台に建っている。いかにも地方の学校らしい広々としたグラウンドで、40名の野球部員が隊列を組んでランニングをしていた。

「県内生と県外生の割合は半々くらいです。引退した3年生を入れると3学年合わせて部員は56人。そのうち地元の川本町出身の子は11人ですね」

説明してくれたのは、野球部の日高圭監督である。島根中央は新田均前監督が2018年まで監督を務め、礎を築いた。新田前監督はかつて浜田高校監督として和田毅（現・ソフトバンク）らを指導。日高監督も浜田時代の教え子であり、監督の座を譲るとともに総監督に就任した。

島根中央野球部の県外生は関西地方出身者が多い。なかには大阪の強豪硬式クラブ・羽曳野ボーイズ出身者もいるが、「県外生＝エリート」というわけではない。日高監督は「入学して練習に参加して初めて選手のポジションを知るんです」と笑う。中学時代は控えで自分に自信がない新入生も多い。個々の意識にも温度差があり、「甲子園を目指したい」と高い志を抱く者もいれば、「公立のちょうどいい学校で野球を楽しみたい」という者もいる。

日高監督は「3年間を通して貪欲じゃなかった子が上を見られるようになっていきます」と語った。

野球留学生と「第二のおじいちゃん」

なぜ島根中央に人が集まるのか。さまざまな要因があるが、まず経済的な要因が大きいだろう。

寮費は3食つきで月額3万4000円。部費、遠征費はかからない。学費は公立高校ゆえ家庭の所得に応じた金額になるが、まさに破格だろう。強豪私学なら5万円台の寮費でも「安い」と言われ、他にも部費、遠征費、学費がのしかかる。

そもそも公立高校なのに、なぜ寮があるのかと思われるかもしれない。島根県は交通の便が悪いこともあり、県内生でも通学できないケースが多いのだ。しまね留学がスタートする前から、島根県の6割以上の公立高校には寮が存在していた。

そして、なぜこの安さが実現できるかといえば、町の支援があるからである。野球部の後援会に川本町がついており、全面的に活動をバックアップしている。さらに「室内練習場」も川本町が無償提供している。

室内練習場はグラウンドに隣接しているが、外観は小さな体育館にしか見えない。なかに入ってみると、誰もが驚くに違いない。床には人工芝が敷き詰められ、壁や天井の内側にネットが張り巡らされている。元は町営の体育館だったものを改装して、室内練習場に仕立てたのだ。体育館時代の名残りであるせり上がったステージには、ウエートトレーニングの器具

川本町が無償提供している室内練習場。町営の体育館を改装した。

が並ぶ。

日が落ちるのが早い冬場は、室内練習場でピッチングマシンを使った打撃練習ができる。日高監督は実感を込めてこう語る。

「高校野球を続けるには、どうしてもお金がかかるという現実問題があります。こうして支援いただけることは本当にありがたいです」

とはいえ、野球部も「もらいっぱなし」にするわけにはいかない。町でイベントがあるたびに、町役場から日高監督に連絡がくるという。

「イベントに野球部として参加したり、祭の会場設営をお手伝いしたり、地域の活動には積極的に協力させていただいています。若い高校生年代の人手が集まらないことも多いですしね。地域からは返せないくらいのサポートを受けていますから当然です」

町が野球部を支援し、野球部が町の活動を手伝う。そんな相互関係から、野球部と地域の距離感は近い。学校と地域住民をつなぐ役割を果たす「コーディネーター」という人材も町が雇用しているため、風通しはいい。川本町出身の3年生部員・山口翔大は「小学生のときから地域のイベントを島根中央の野球部が率先して手伝っているのを見ていました」と証言する。

しかし、町からの援助は町民の税金から組まれる。過疎化は深刻な問題とはいえ、なかには「なぜ県外生のために町の金を使うのか?」という批判があってもおかしくない。実際に野球部への批判の声を耳にすることもあると日高監督は言う。

「勝っても『県外生がいるから』と言われ、負けたら『よそから集めているのに』と言われることもあります。気にしてもしょうがないんですけどね」

とはいえ、そうした声はごく一部で、日高監督は「川本町は外から来る生徒に対して理解があると思います」と語った。

県外生が地域に溶け込むためのしかけは他にもある。それは「まち親」という制度である。親元を離れて暮らす県外生一人ひとりのために、川本町の住民がボランティアで親代わりの「まち親」となり、緊急時のサポートをするのだ。

3年生の吉本泰倫は大阪出身で、中学時代は自宅から通える奈良の強豪硬式クラブ・生駒ボーイズに所属した。「自立できて生活力をつけたいから」と島根中央への進学を選んだ吉本のまち親になったのは、山口節雄さんという75歳の男性だった。吉本はまち親との関係を通して、川本町への愛着を深めていった。

「山口さんはいつも自分を気にかけてくれて、食事にも連れて行ってくれます。僕が2年生のときにケガをしたときは、病院まで送ってくださいました。大学の進路も心配してくれて、よく相談していました」

自然に囲まれ、人情に厚い環境も吉本の肌によく合った。

「買い物に行って町の人に挨拶をすれば温かく返してくれますし、町の方々から『よそ者』という目で見られたことは全然ないです。川本にはエゴマ（荏胡麻）という特産品があるんですけど、すごくおいしくてヘルシー。全国に誇れますね」

高校卒業後、吉本は滋賀のびわこ成蹊スポーツ大へと進学する。だが、卒業後も川本町を訪ねたいと明るく語った。

「自分にとって山口さんは第二のおじいちゃんですから。応援してもらったこと、お世話になったことは忘れません。僕が大学で活躍すれば、『島根中央』という学校名も表に出ますし、町にもっと活気が出ると思います。これからも島根中央と町を背負ってやっていきたいです」

「ガイジン部隊」が死語になる日

しまね留学を担当する、島根県教育指導課の立石祥美さんは県外生を受け入れる上で「三つのメリットがある」と言う。

「一つ目は『関係人口』が増えること。たとえ高校の3年間で島根を出てしまっても、島根のよさを知ってくれればその後も県の応援団になって、よさを伝えてくれます。なかには島根に戻ってきてくれる人もいるでしょう。二つ目は留学生がやってくることで人口が増え、消費が増えること。地域経済が回るようになります。三つ目は、島根の子も育つということです。小学校、中学校と同じメンバーで過ごす子が多いなか、県外の生徒と交流することで多様性が生まれて世界が広がります。島根を出ていかなくても経験が得られるところに価値があると考えています」

地元に留まりながらでも、さまざまな文化に触れて成長できる。島根中央にもそんな魅力を感じて地元から進学した野球部員がいる。川本町出身の山口翔大は、当初は県外の私学に進むことを考えていたという。

「自分のなかで『私学＝甲子園に近い』というイメージがありましたし、県外で自分の力を試したい思いもありました」

山口は中学時代から地域では評判の強打者だった。日高監督も「ここまで能力が高い子はなかなかいない」と太鼓判を押すほどで、高校進学後にはその実力を一目見ようとプロスカウトも視察に訪れた。そんな山口が最終的に島根中央への進学を決めたのは、地元への思いだったという。

「ずっと川本で育って、世話になった地元に恩返ししたい思いが強かったんです。だから中央高校に入って、自分の力で甲子園に行きたいと進学を決めました」

地元に甲子園を狙える高校、魅力のある高校があるということは、人材流出を防ぐ最大の手だてになる。

山口は野球に打ち込む一方で、夏祭りの神輿を仲間たちと担ぐなど、地域のイベントにも積極的に顔を出した。入学当初は「なんでこんなことをせなあかんねん」と面白くなさそうにしている部員もいたが、徐々に変化が見られたと山口は言う。

「活動しているうちに、いかに地域に支えられているかを実感するし、町の人たちの応援してくれる気持ちが伝わるので、みんな率先して手伝うようになります」

結果的に目標の甲子園には届かなかったが、山口は島根中央に進んだことを後悔していない。卒業後は山口県の徳山大に進み、4年後のプロ入りを狙っている。

町と寄り添うように活動する学校の取り組みが人気を呼び、入試では志願者が2年連続で定員を超えた。そして2020年度から島根中央は定員を90名から105名に増員することになった。こうした成果を喜びつつも、あえて警鐘を鳴らすのは日高監督だ。

「知らない土地で3年間を送ることは、外からでは見えない部分もあって簡単ではありません。安易に決断すると、本人が苦しむと思います」

日高監督の言葉を聞いているだけで、野球留学に関しては公立も私立も関係ないと思わされる。そんな印象を伝えると、日高監督は語気を強めてこう言った。

「私は留学すること自体、悪いものという認識はありません。野球留学という言葉だけが広がっていますけど、簡単なものと思ってほしくない。たとえ他県から入学した子でも、『この地で挑戦しよう』と覚悟を決めて来ているのですから」

地域と学校が共生し、県内と県外を人材が循環する。そんなしまね留学の流れに乗るように、他県の離島や中山間地域でも地域留学に力を入れる高校は増えている。2019年6月に東京、大阪、名古屋、福岡で開催された地方留学の説明会「地域みらい留学フェスタ」では北海道から沖縄まで55校がブースを出展。4会場合わせて2093人の来場者を集めた。

そして島根中央の取り組みに、強豪私学の野球部が地域から孤立しないためのヒントも隠されている。地域の催事への積極的な参加、まち親など地域住民との交流。とはいえ、それは多くの私学野球部で程度の差こそあれど、すでに実践していることでもある。

人口が多い都市から生徒を呼び込む。それは地方の私立高校が先んじて取り組んでいたことでもある。公立高校が後を追うということは、私学にとって死活問題になりかねない。公的資金が投入される以上、公立高校には経済的負担では太刀打ちできないからだ。

それでも、島根県の強豪私学・石見智翠館の末光章朗監督は言う。

「長くやらせてもらうなかで、我々も勧誘のパイプを持たせてもらっています。だから急激に変わることはないと思います。20年で築いた信用、積み重ねがあって選手を預けてもらえるんですから」

末光監督はマイナスポイント以上に、大きな効果も感じている。しまね留学が盛んになったことで、石見智翠館が「ガイジン部隊」などと揶揄されることがめっきり減ったのだ。末光監督は「県立が留学生を呼んでいるので、私学の我々も批判されなくなったんじゃないでしょうか」と笑う。

地方の公立高校が留学生を募集することがよりポピュラーになっていけば、近い将来「ガイジン部隊」という蔑称は死語になるかもしれない。

「しまね留学」の成功が、地方公立校の今後のモデルケースになるかもしれない。

第7章

明徳義塾（高知）

四方の山々、全寮制、異文化交流……
特殊な環境“明徳村”で心身と感性を磨く

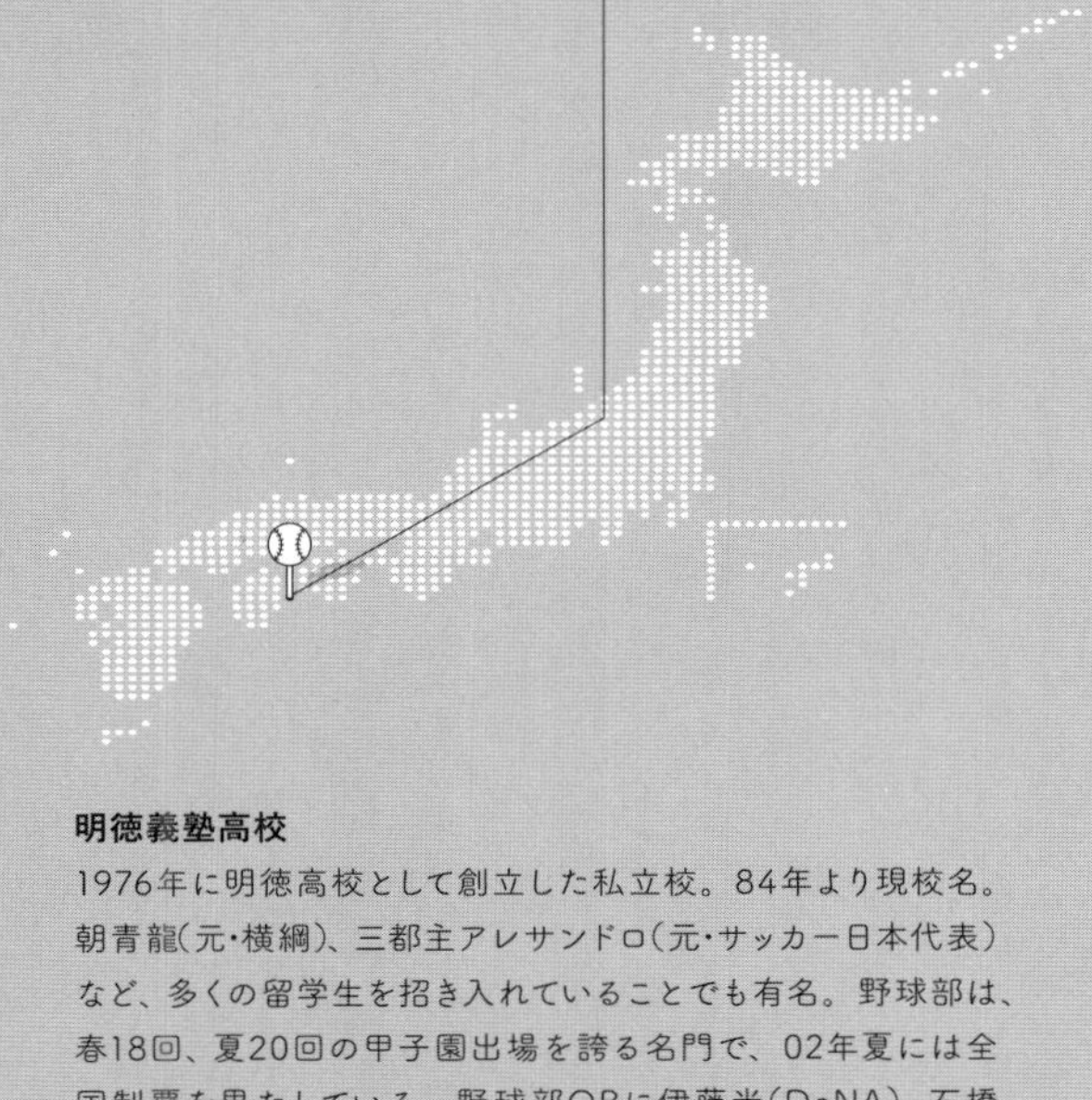

明徳義塾高校

1976年に明徳高校として創立した私立校。84年より現校名。朝青龍（元・横綱）、三都主アレサンドロ（元・サッカー日本代表）など、多くの留学生を招き入れていることでも有名。野球部は、春18回、夏20回の甲子園出場を誇る名門で、02年夏には全国制覇を果たしている。野球部OBに伊藤光（DeNA）、石橋良太（楽天）、岸潤一郎（西武）、学校OBに松山英樹、徳勝龍など。

—

学校所在地：高知県須崎市浦ノ内下中山160

—

寮費：非公表

谷底に潜むカオス空間「明徳村」

明徳義塾高校は一般的に「辺境の地にある」と思われているが、実際には高知龍馬空港から車で1時間ほど走れば到着する。

それなのに、なぜ辺境のイメージが定着しているかというと、空港からの道のりがあまりに劇的で、思わず他人に伝えたくなってしまうからではないか。私はそのことを身をもって体験した。

空港からレンタカーを借り、しばらくは太平洋を左に見て黒潮ラインを走る。四国を横長の鍋に見立てると、鍋底をすくうような道程である。横浪半島へとつながる宇佐大橋を渡る際には、右を見ても湾、左を見ても湾、正面の先には海という絶景が広がる。いかにも高知に来たな、という旅情をそそられる。

横浪半島に入ってからも、しばらくは海沿いの横浪黒潮ラインを走る。すると右手に明徳義塾の竜キャンパスが現れる。これはおもに外国人留学生が学校生活を送るキャンパスで、野球部員らが過ごす堂ノ浦キャンパスはさらに先である。

竜キャンパスを通り過ぎると、車窓から見える景色は今までのシーサイドビューから大胆に変容する。道なりに走っていたというのに、気づいたら急峻な峠道を登らされている。右へ左へとうねるように坂を登り、いったいどこまで登るんだ？ と疑問が渦巻いた後、右手に「明徳義塾中高等学校」という簡素な看板があり、右折を促される。

そこで右へ曲がると、かろうじて舗装されている隘路を下らされる。谷底へと転がり落ちるように下り続けるのだが、常に不安としてつきまとうのは、この道が一方通行ではないことだ。「対向車が来たらどうしよう……」とおどおどしながら、狭い急カーブでハンドルを右へ左へと切っていく。自分はどこへ向かっているのか、下る距離が長くなればなるほど自信が失われていく。右を見ても左を見ても、ひたすら深い森が広がっている。いったい誰がこの道を切り拓いたのだろう。実は私が途中で道を間違えていて、この先に行っても何もないのではないか……。疑心暗鬼にさいなまれる。

しかし、落ちるところまで落ちれば、ようやく視界が開けてくる。そして右手に「明徳義塾野球道場」の看板と、数メートルの高台に野球場が見えた。よかった、合っていた……。どっと安堵と疲労感が押し寄せる。「煽り運転」が社会問題になるなか、私はここまで不安を煽られる道路に出合ったことがない。

約束の時間には少し早かったため、私は野球道場を素通りして、その先にある堂ノ浦キャンパスの正門を目指した。

緩やかな上り坂を登ると、こぶりな正門がある。駐車場に車を停めると、ちょうど昼の時間帯で多くの中高生の姿があった。

ところが、車のドアを開けて飛び込んできたのは、耳慣れない言語だった。顔つきは見るからにアジア人の3人組が、アイスを口にくわえながら食堂から校舎へ向かっていく。どうやら中国人留学生のようだ。他にもあちこちで中国語とおぼしき言語が飛び交っている。明徳義塾では中国の他にも、韓国、タイ、カンボジア、インドネシア、ベトナム、モンゴルといった海外からの留学生が生活している。全校生徒の3分の1は外国人留学生が占め、購買のドアには日本語、英語、中国語が併記された案内書きがあった。

そこかしこを歩く外国人留学生に加え、日本人の一般生、丸刈りの野球部員、大柄な相撲部員も集結し、まさにカオスな空間が醸成されていた。

周囲をぐるりと見渡すと、四方は高い山に囲まれている。その内側に校舎、食堂、購買、校庭が広がり、民家もチラホラとある。民家は教職員の住宅だという。

明徳義塾OBは母校を「明徳村」と表現するが、まさに小さな村である。世俗から隔離され、谷底でひっそり暮らす秘境。だが、実際に訪れてみると、さまざまな民族が暮らす小地球ではないかと思わずにはいられなかった。

まさかの門前払い

明徳義塾の野球道場の敷地内にレンタカーを停めると、ほどなくして校舎の方向から自家用車が現れ、野球道場前で停車した。銀縁眼鏡をかけ、ユニホームにウインドブレーカーを羽織った馬淵史郎監督が車内から現れる。甲子園春夏通算51勝、２０１９年11月に64歳になった大ベテラン監督である。

私はすぐさま馬淵監督に近寄り、自分の身分と名前を名乗る。馬淵監督は「今日はどんな取材なの？」と穏やかな口調で尋ねる。私は「実は、野球留学生について取材をしておりまして……」と切り出した。

すると馬淵監督は間髪を容れず「野球留学なら、●●に取材せぇ」と言った。そして、「あそこが一番、留学生をとってるで」と、甲子園でもお馴染みのダミ声で続けた。

私は先制パンチを食らったようにあわてふためき、「いえ、実はそこは取材を断られてしまいまして……」と答えた。口に出してから、「しまった」と思った。これでは、その高校に取材を断られたから明徳義塾に来たような誤解を招くではないか。だが、そんな後悔も後の祭りだった。馬淵監督は冷静なトーンのままこう言った。

「なら、ウチも取材拒否や」

いきなりの門前払い。やはり、馬淵監督にはライバル校の代わりに明徳義塾に来た印象を与えてしまったようだ。

遡れば、私の「野球留学生についての取材」という切り出し方も不用意だった。そもそも「野球留学生」という言葉は、一般的にネガティブな意味合いで使われることが多い。たとえ私自身が野球留学生に対してフラットな見方をしていると言い張っても、デリケートな言葉であることは間違いない。当事者たちは心ない偏見に苦しんできた歴史もあったに違いないのだ。そもそも誤解を招きやすい取材テーマである以上、もっと慎重に言葉を選ぶべきだったと猛省した。

私はしばらく、野球道場の一塁側ベンチから練習の様子をじっと見つめるしかなかった。なんとか馬淵監督に話を聞いてもらいたい。高知まで来て、このままおめおめ帰るわけにはいかないという思いもあった。

そもそも、取材主旨の説明すらきちんとできていない。私は練習の合間を見計らって、馬淵監督に非礼を詫び、あらためて主旨を伝えることにした。

「先ほどは誤解を招くような物言いをしまして、大変失礼しました。この取材はどの学校がいい選手をたくさんスカウトしているか、ということに主眼を置いているのではありません。それぞれの学校に特色や地域性があって、そこで奮闘している選手や指導者がいるということをお伝えしたいと考えているんです」

最初は取りつく島もなかった馬淵監督だったが、徐々に話を聞いてもらえるようになった。そして、ぽつり、ぽつりと語り始めた。

「ラグビーの日本代表なんて、外国籍の選手がおっても『日本代表』ゆうて、みんな応援しとったけどね。ハーフの選手も、大坂なおみやケンブリッジ飛鳥やらが世界で活躍しとる。世界でそんな流れがあるのに、日本で『どこそこから明徳に来た』とか言ってるのは時代錯誤や」

気づけば、甲子園大会で多くの記者を魅了する「馬淵節」が始まっていた。

「頼むから愛媛に帰ってください」

「就学の自由があるんやから。勉強で鹿児島ラ・サールに行っとるのに、『鹿児島の子がおらん』と言われるようなもんや。勉強ならよくて、スポーツならあかんのか。野球だけやなしに、他のスポーツでも『この学校が強いから行きたい』と思うのはしょうがないよね。それだけの魅力があるいうことでしょう。魅力がなかったら行かないですもん」

ところどころ色づいた小高い山に囲まれた渓谷にある野球道場で、馬淵監督はとうとうと述べた。野球留学生に関する議論は、馬淵監督の言う「魅力がなかったら行かない」にすべて収斂されるような気がした。

もし、本人の意思を無視して連れ去られたとしたら大問題である。だが、明徳義塾野球部の門を叩いた者たちは、「ここでやりたい」と自ら進んでやってきたのだ。

それでも、理解してもらえない層は存在する。ある年の夏の高知大会で優勝した直後、優勝監督インタビューの最中に馬淵監督はスタンドからこんな声を浴びせられた。

「頼むから愛媛に帰ってください。もう満足したでしょう?」

決勝戦の相手は歴史ある人気校、高知商だった。声の主は地元びいきのオールドファンだったのかもしれない。口調は丁寧だが、その内容は馬淵監督と明徳義塾の存在を否定するようなものだった。

馬淵監督は愛媛県西に浮かぶ八幡浜市大島の出身である。1987年から明徳義塾で指導するなかで、高知の県民性をこのように感じていたという。

「土佐は豪放磊落と言われるが、俺はそうは思わないよ。四国山地でさえぎられていることもあってか、排他的なところもある。瀬戸内(愛媛、香川)とはちょっと違うな。徳島も大阪に近いから、そっち寄りの文化があるしな」

四国の他県では中学トップクラスの有望株が県外に流出する現象が目立つが、高知県では馬淵監督によると「他のスポーツでは高校から高知を出ることが多いけど、野球では県内に留まることが多い」という。

素性を知らない人間より、幼い頃から知っている人間に情が湧くのは自然なことでもある。このように、高知では地元出身者を応援したくなる土壌が形成されている。

しかし、程度の差こそあれど、県外から選手が入学してくるのは明徳義塾だけではない。明徳義塾ばかりが批判の対象になる理由は、「勝つから」と馬淵監督は見ている。

「いい悪いは抜きにして、公立でも県外からいっぱい来ているわけよ。四国で甲子園優勝したチームのなかには、中学3年からその県に転校したヤツだっていたんだから。そんなやり方をしてる学校があっても、何も言われん。私学にしても、土佐高校は大阪から選手が入っても何も言われん。ウチが勝つから言われるんだよ」

12歳から始める明徳生活

まさに「コミューン」と評するのがピッタリの明徳義塾。明徳義塾中から生活する生徒は、この環境で6年間を過ごすことになる。

高校野球部の取材に向かう直前、堂ノ浦キャンパス内にある中学野球部グラウンドには、ランニングをする中学野球部員の姿があった。25人ほどの隊列の最後尾を走る部員は、小学生と見紛うばかりに体が小さい。こんなに幼く見える少年が、親兄弟や親しい友人たちと離れて「明徳村」で暮らす。その意味を考えただけでも、私は途方に暮れた。

明徳義塾には馬淵監督以外に3人の指導者がいる。責任教師の佐藤洋部長、コーチの内村英二郎コーチ、川崎新也コーチ。3人とも馬淵監督の教え子であり、明徳義塾での生活を体験したOBでもある。

1978年生まれの佐藤部長は大分県玖珠郡玖珠町出身。中学から明徳義塾に進んでいるため、てっきり野球の実力を見込まれて留学したストーリーを想像してしまうが、実態はまったく違っていた。

「母が喫茶店をしていて、そのお客さんのなかに子どもを明徳に行かせている人がいたんです。私自身、じっとしていられない性格で外に出ていくのが好きな子どもだったから、明徳への入学を勧められたんです」

しかも、野球をやるかどうかも決めていなかった。小学生時に野球とゴルフをプレーしており、明徳義塾でどちらかの競技を続けたいと考えていた。なお、ゴルフ部のOBには横峯さくらや松山英樹らプロゴルファーが多数いる。学校見学を経て、「みんなで協力する野球のほうがええかな」と野球部に入部することを決めたのだった。

12歳にして親元を離れるのは、相当な覚悟が必要なのではないか。そう問うと、佐藤部長は当時を思い出すように中空を見つめながら、淡々とこう述べた。

「最初は親元を離れてつらいこともありましたけど、もともと母子家庭で母は仕事が忙しかったので、私はよく1人で遊びに行っていたんです。だから逆に『寮におったらみんなおる』と楽しかったですね」

このあたりの感覚は個人差がありそうだが、佐藤部長にとって多くの人間と送る共同生活は、孤独を感じることのない最適な環境だったようだ。

1991年に明徳義塾中に入学し、翌夏の甲子園では高校球史に刻まれた「松井秀喜

5敬遠事件」が起きる。「ゴジラ」の異名をとった星稜（石川）のスター選手・松井秀喜（元・ヤンキースほか）を明徳義塾が5打席連続敬遠して、勝利を収めた一戦である。この試合を機に、明徳義塾は高校野球界でヒール扱いを受けることになる。

だが、佐藤部長に当時の話題を振っても「その頃は中学生ですから、どんな騒ぎになっているのかよくわかっていなかった」という反応だった。忌まわしい記憶を掘り返されたくない、というデリケートな雰囲気でもない。このあたりは、外野の騒音が聞こえにくい明徳義塾の環境が吉と出たのかもしれない。

1996年には右サイドスローの吉川昌宏（元・ヤクルト）を擁して春のセンバツに出場。佐藤部長は背番号3をつけ、一塁手のレギュラーだった。

佐藤部長に「明徳で得たものは何でしょう？」と聞いてみた。すると、佐藤部長は「う〜ん」と首をひねり、悩み始めた。

「僕は今、41歳なんですけど、明徳に中高6年おって、教員としても18年おるんですよ。だから人生の24年、生活のすべてが明徳にあったので……。得たもの、と言われるとどうなのかな」

考えを整理した上で、佐藤部長はこう続けた。

「自分のことを自分でするということでしょうね。私は自由だったら何もしない人間だと思うので、その点でよかったと思います。その代わり、大人になった今でも厳しいですよ。前日に飲み会があっても、朝は子どもたちと同じように早くに起きますから。今もなお、自分を律する生活を送っています」

明徳義塾には「師弟同行の教育」という言葉がある。生徒だけでなく、指導者も同じ敷地内で暮らし、時間を共有する。佐藤部長は今も野球部の寮・青雲寮で家族とともに生活しているという。

指導者も「負けてたまるか」と敵愾心を燃やす環境

1982年生まれの内村コーチは神奈川県出身。地元の強豪校に進みたい希望を持っていたがかなわず、本人曰く「明徳から誘われた選手と一緒にとってもらった」という、言わば「バーター」として進学している。

その寮生活は驚きに満ちていた。当時の明徳義塾は大部屋で集団生活を送っていたのだが、その規模はかなりダイナミックだ。なにしろ48人部屋が2つ。2段ベッドが24台

も部屋の左右2列にズラリと並んでいるのだ。
上級生はベッドの仕切りとしてカーテンを使うことが許されたが、下級生にそんな権利は認められなかった。2段ベッドの下段で下級生が物音を立てようものなら、上段で眠る上級生から「うるさい」とどやされる。寝返りひとつ打つのも神経を使う日々で、あるOBは「おならは『すかし』に変更できるようになるんです」と語っていた。
ただし、部員がさらに増えた今では寮の環境も大きく変わっている。現在は2、3人部屋で「プライベート空間があるだけ昔よりずっと快適です」と内村コーチは笑う。

明徳義塾の朝は6時30分に始まる。点呼を終えると、朝礼。全員でラジオ体操をして体をほぐす。朝食をとった後、8時30分に登校して授業を受ける。現在は月~木曜が14時30分、金曜は13時30分まで授業があり、その後に野球部の練習が始まる。だが、18時には練習が終わり、夕食と入浴を早めに済ませる。それは19時30分から夕礼があるためだ。全員で黙想した後、それぞれの郷里の方向に頭を下げ、両親への感謝の礼をする。夕礼後は身の回りの掃除をして、20時からは2時間の自習時間。束の間の休息を取ると、あっという間に22時30分の消灯時間を迎える。

決められたタイムスケジュールの3年間を過ごし、内村コーチが在学中は1年夏から春夏すべての甲子園に出場した。内村コーチ自身は3年時に背番号9をつけ、春夏連続で甲子園の勝利を味わい、春のセンバツではベスト8に進出している。

その後、内村コーチは日本大に進学し、高いリーダーシップを発揮して4年時には主将を務めた。社会人の強豪・日立製作所でプレーした後、選手を引退。日本大のコーチを務めた後、馬淵監督に声をかけられて母校のコーチに就任した。

コーチ就任後は寮生活の改革に尽力した。時代とともに上下関係のあり方も変わっていくべきという考えがあったからだった。

「昔は後輩が先輩の世話までするのが当たり前でしたけど、よく考えれば先輩が率先して雑務をしたり、後輩の面倒を見たりするのが本来の姿じゃないですか。昔ながらのおかしい部分を撤廃するのに、4年かかりました」

明徳義塾の強さの理由を聞くと、内村コーチは「エリートではない、叩き上げで成長させるチームだと思っています」と答え、さらにこう続けた。

「選手からすると、寮じゃないチームには負けられないですよ。練習が終わってヘトヘトになっていても、洗濯、風呂、ご飯、朝の早起き、これを全部自分でやらなきゃいけないんですから」

そして内村コーチは柔和な表情のまま、こう付け加えた。

「『負けてたまるか』という思いは、スタッフに対してもありますよ。我々は学校だけじゃなく24時間、生徒を預かっています。熱を出して普通の食事ができない子にはおかゆを作ったり、病院に連れて行ったりすることもありますから」

1985年生まれの川崎コーチは大阪府出身で、中学では数々の名選手を輩出した強豪・八尾フレンド(現・大阪八尾ボーイズ)でプレーした。毎年、八尾フレンドから明徳義塾に進む選手がおり、川崎少年は同じ内野手の先輩で明徳義塾のキャプテンまで務めた田山国孝に憧れていた。

「田山さんから『明徳の馬淵監督は野球の指導がすごいのはもちろん、生活も24時間つきっきりで生徒と過ごしてくださる』と聞いて、『この監督のもとでやりたい』と思ったんです」

もともと早起きができるタイプで、寮生活も「田山さんからだいたい話は聞いていた」と大きな戸惑いはなかったという。

高校1年時、こんな出来事があった。ある試合会場でトイレに入ると、中年男性から声をかけられた。出身地を尋ねる男性に大阪出身であることを告げると、男性はつまらなそうな顔をしてこう吐き捨てた。

「なんだ、大阪の落ちこぼれか」

馬淵監督が語った「閉鎖的なところがある」という県民性は15歳の少年の心をえぐった。だが、川崎コーチは指導者として高知に戻った後、異なる印象を抱いたという。

「高知の人は温かいし、『来る者拒まず』と受け入れてくれる器の大きさを感じます。ベンチにいれば野次は聞こえないし、いい人が多いなと感じています」

高校3年時には甲子園に春夏連続出場を果たした。大学卒業後、京都共栄での指導者生活を経て、馬淵監督から「ウチでやらんか」と声をかけられ2016年から母校のコーチになった。山を分け入って母校に帰ってきた川崎コーチは「家に帰ってきたな」という感慨を覚えたという。

「明徳は私の第二の故郷ですから。3年間の経験がDNAに刻まれているんです。それくらい濃い3年間でした」

外国人部員との異文化交流

明徳義塾が国際色豊かな学校であることはすでに書いたが、野球部にも外国人留学生が在籍している。2019年度は韓国から3名、モンゴルから1名の留学生が野球部の門を叩いた。だが、彼らの主眼はあくまで日本語を学ぶことにある。それゆえ、馬淵監督が「キャッチボールも危ない」と評するレベルの選手も入部してくる。

では、彼らはまったく戦力にならないかといえば、そうではない。2019年度の3年生だったイム・ジュンソは3年間でベンチ入りはかなわなかったが、誰もが認める努力家だった。内村コーチはこう証言する。

「目上の人を敬う気持ち、物を両手で受け取る仕草ひとつとっても、今の日本では忘れかけているものが韓国にはあるんだなと感じます。日本語はペラペラで、日本人より国語ができるんですから。だから僕は授業中に言うんです。『ジュンソは第二外国語の日本語で第三外国語の英語を学んでいるのに、なんでお前らよりできるんだ？』ってね」

生活をともにするなかで、国内のさまざまな地域で育った人間だけでなく、外国文化で育った人間とも触れ合える。内村コーチは「高校生の年代でこの体験ができるのはマイナスがひとつもない」と断言する。

２０１９年度の明徳義塾野球部は3年生39名、２年生39名、１年生25名の計１０３名の部員がいた。夏の高知大会のベンチ入りメンバー20名のうち、６名が1、２年生だったため、ベンチ入りできた3年生は14名。つまり、25名の3年生がベンチ入りメンバーから漏れたことになる。

メンバー選考の当落線上で争う部員は緊張感のある日々だろうが、なかには早い段階で「自分は絶対にベンチに入れない」と悟る部員もいるはずだ。「なぜ厳しい寮生活をしてまで、自分は明徳にいるのか？」と目標を見失ってしまう部員もいるのではないか。そんな疑問を川﨑コーチにぶつけると、こんな答えが返ってきた。

「自分自身を成長させること、自分のベストを目指すことを普段から選手には考えさせています。ベンチに入れない部員も大勢いますが、自分がベストを目指して努力できているかが大事ですし、スタッフもそこを見ています。ほったらかしでは絶対に持たないので、そこは常に注意深く見ています」

何度も生徒と面談を重ね、周りの生徒に「最近誰がええ？」と聞き取ることで、たとえレギュラーではない部員でも「変化」を探す。指導者も同じ敷地内で暮らすだけに「生徒指導はしやすい」とコーチ陣は口を揃えた。

全国制覇を目指すチームのため、競争は当然厳しい。ベンチ入りを逃した者は、あらためて過酷な現実を受け入れなければならない。川﨑コーチは言う。

「地元の期待も背負って明徳に来ているはずですから、自分がベンチに入れないとわかった瞬間は、本当につらいと思います。でも、そこでチームのために何ができるのか。その役割を考えて行動できる子は素晴らしい。寮生活で苦しさを共有してきた仲間ですから、いつしか心がひとつになっています。その束の強さこそ、明徳の強さだと思います」

「勝利至上主義者」か「温かい本当の親父」か

本稿を含め過酷な部分ばかりがクローズアップされがちな明徳生活だが、その一方で絶えず人が集まっていることも事実である。当たり前のことだが、魅力がなければ「行こう」という発想になるはずがないのだ。

野球部寮で内村コーチの取材中、こんなことがあった。内村コーチが川崎コーチを呼び出そうと電話をかけ、用件を伝えた後にこう言ったのだ。

「あ、ヨウコが大根取りに来てって言ってたよ」

ヨウコとは、内村コーチの妻である。野菜のやりとりをする、まさに〝ご近所付き合い〟に笑いが込み上げるとともに、ほんのりと温かみを感じずにはいられなかった。

神奈川県出身の内村コーチは、妻も神奈川県出身でコーチ就任と同時に明徳義塾へと移住している。妻に明徳義塾への理解がなければ、移住できなかったのではないか。内村コーチにそう尋ねると、「ファンキーでしょう？」と笑った。

一方の川崎コーチの妻は高知県出身。「妻は対応力があるのでスッと入っていけた」と明徳での生活に馴染んでいるそうだが、その一因に馬淵監督の気遣いを挙げた。

「監督が夫婦で家に呼んでくださって、食事をしながらいろんな話ができるのが大きいと思います。監督夫婦が親身になってくださるので、ウチの妻も心強いようです。いくら山奥に住んでいようが、相談できる人、話せる人がいれば悩むことはないですから」

内村コーチは馬淵監督の妻・智子さんへの感謝を口にする。

「監督はもちろんなんですけど、奥さんにもめちゃくちゃお世話になっているんです。僕が高校生だった頃は、熱を出したときなど、本当の家族のように面倒を見てもらいました。今でも足を向けて寝られないですよ。監督は僕にとっては監督であり、親父。このファミリー感は全国を探してもどこにもないと思う。監督の人柄なんでしょうね。その血を僕らも感じて受け継いでいると思います」

世間的な馬淵監督のイメージは、「松井秀喜5敬遠」に代表されるように「非情な勝負師」というものではないだろうか。内村コーチが「本当の親父と呼べる人」と語る部分は、少なくとも明徳義塾で生活する「家族」なら誰もが知っているのだろう。

明徳義塾の魅力、馬淵監督の魅力を骨の髄から知っているからこそ、内村コーチは無念そうにこう言った。

「高校に進まない子がいることは残念だし、『そんなにウチは魅力がないかな……』とショックを受けてしまいますよね……」

2018年夏の全日本少年軟式野球大会で、明徳義塾中は全国準優勝を飾った。将来を有望視される選手が何人もいたが、その主要メンバーを含め10数名が明徳義塾高校に内部進学することなく、他の強豪校へと進学した。愛知県の強豪校に進んだある選手は、進学理由を「環境を変えたかった」と語っている。

一方、高知県内のライバル校・高知高校には中学3年時に最速150キロをマークした逸材・森木大智が進学している。「今後、明徳は厳しい戦いを強いられる」というのが大方の見方だった。

だが、明徳義塾はその逆風を正面から吹き飛ばした。2019年夏の高知大会は、決勝戦で高知を4対1で破って甲子園出場。さらに秋季大会では四国大会を圧倒的な力で制し、明治神宮大会では「松井秀喜5敬遠」以来の対戦となった星稜を8対5で破った。内村コーチはこの戦いぶりをこう振り返る。

「もし負けていれば、周りは『明徳中の子たちが抜けたから』と言ったはずです。でも、みんなで切磋琢磨すれば、なんとかなるんやということを証明できたと思います」

明治神宮大会では、背番号11をつけた畑中仁太という1年生右腕がマウンドに立った。畑中は明徳義塾中出身だが、中学時代は他の有望選手の陰に隠れ「ほとんど試合に投げたことがありません」と語る控え投手だった。それでも、身長183センチからの角度を生かした投球は高い将来性を感じさせる。馬淵監督は「反り過ぎるクセがあるし、まだまだ」と辛口ながら、その資質の高さは認めている。

畑中は明治神宮大会のマウンドを経験した後、こんなことを語っていた。

「中学時代からすごい人をいっぱい見ているので、自分も近づけるように頑張りたいです。冬の間に下半身と体幹を強くして、フォームを安定させられれば、もっとスピードもキレも上がると思います。もっといいボールが投げられるイメージはできているので」

いずれは自分が明徳のエースに――。畑中はそんな野望を燃やしながら、今日も明徳義塾で自分を律する生活を送っている。

高知県が直面する危機的な状況

明徳義塾の堂ノ浦キャンパスは隔絶された集落とはいえ、外界から完全にシャットアウトされているわけではない。学校周辺にもわずかながら民家が建っている。野球部員が野球道場の周辺でトレーニングをしたり、校舎から野球道場へと移動したりする際に地元住民とすれ違うこともある。ある野球部OBは「地元の方から『頑張ってね』と声をかけてもらってとても励みになりました」と証言していた。

馬淵監督は「須崎市民はすごく応援してくれる」と語る。中高合わせて1000人ほどの生徒が、住民票を須崎市に移して生活しているのだ。

一方で、内村コーチはこうも証言する。

「学校として和太鼓部が四国各地に演奏に赴いてくれたり、地域のマラソン大会で引退した野球部の3年生有志がボランティアスタッフをやってくれたり、地域貢献をしてきたことで、明徳を認めてくださる方が増えているんじゃないかと思います」

そして、高知県が直面する危機がある。2019年6月1日時点で高知県の人口は69万9522人。1985年には83万9784人だった人口がここへきて激減している。人口70万人を切ったことについて、当時の尾崎正直知事は「高齢者が若者の2倍以上多い人口構成となっており、これを踏まえると、今後も当面の間、人口減少が続くこと自体は避けられない情勢にあります」とコメントしている。

70万弱という人口は、東京都江戸川区の70万79人(2020年1月1日現在)と同規模になる。馬淵監督も高知県の現状を憂う一人だ。

「地域に産業がないから若いもんが住まん。あとは災害への不安やね。『津波がいつ来るのか?』と心配で、海岸沿いには人が住みにくいから」

少子高齢化により、野球競技人口の低迷も叫ばれて久しい。2008年度に2037人だった県内の中学軟式野球部員が、2018年度には1038人と半減。高知県中学校体育連盟・軟式野球専門部として「丸刈り頭の強制禁止」を打ち出すなどして、競技人口減少を食い止めるべく施策は打っている。だが、人口減少という大きな波の前では、抜本的な改善案になるとは思えない。

馬淵監督は高校野球界のこんな近未来を想定している。

「あと10年もしたら、もっと一極集中が進むやろうな。四国四県でも、郡部の高校はどんどん厳しくなる。そこへ球数制限も絡んで、投手を何人も揃えられない田舎の公立高校はますます勝てなくなる。私学の強豪がどんどん有利になって、甲子園に出る学校が限られてくるかもしれん」

明徳義塾が勝ち続けることだけを考えれば、県内の野球人口減少は「ライバルが減る」と前向きに取ることもできるはずだ。だが、馬淵監督は高知県全体の不利益を案じていた。その点を向けると、馬淵監督は「そりゃあ、女房も須崎におって、子どもも須崎で育てて、税金も払っとるんやから」と笑った。

高知県では2017年に高知県移住促進・人材確保センターを設置し、「高知家で暮らす。」とキャッチフレーズをつけ、県を挙げて移住支援に力を注いでいる。

県外から明徳義塾に入学した生徒は3～6年で高知県を出ることが多いにしても、卒業後に関係人口としてUターン、Iターンに寄与するチャンスは生まれる。高知県民にとっては、明徳義塾の県外生は高知の魅力をアピールできる存在とも言い換えられるのだ。

取材を終え、最後に「『野球留学生』と軽々しく申して失礼しました」と再度詫びると、馬淵監督はぽつりとつぶやくようにこう言った。

「野球留学っちゅう言葉が嫌いなんよ」

グラウンドでトレーニングに励む100人以上の「息子」を見つめる横顔を見て、私は馬淵監督が何を日々守ろうとしているのか、少しだけ理解できたような気がした。

第8章

創成館(長崎)

学校経営は攻撃的、でも野球は守備的!?
常連校に仲間入りしたユニークな学校

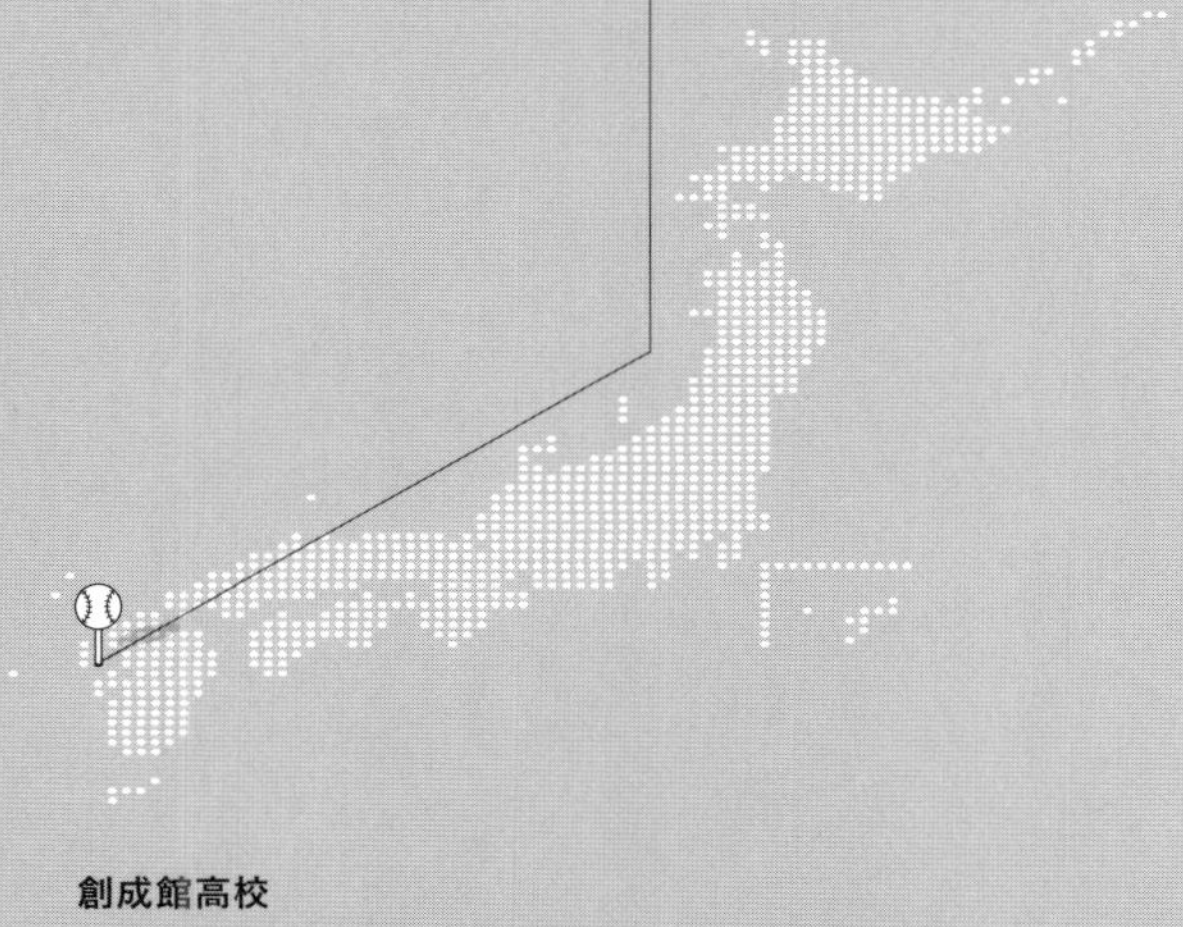

創成館高校

1962年に九州経営学園高校として創立した私立校。73年に協立高校に改称し、88年より現校名。部活動は、運動部も文化部も全体的に力を入れて取り組んでいる。野球部は、春3回、夏2回甲子園に出場し、18年春にはベスト8進出。17年秋の明治神宮大会では、大阪桐蔭を破り準優勝を果たしている。OBに川原陸(阪神)、岡田健史(俳優)などがいる。

—

学校所在地：長崎県諫早市貝津町621

—

寮費：月60,000円

諫早に突如出現する目立ちすぎる案内板

その看板を初めて目にした瞬間、インコースにどぎついシュートボールを投げつけられたかのようにおののいた。長崎空港からレンタカーを走らせ、諫早インターチェンジを降りてすぐ。カーナビゲーションが「間もなく左折です」とアナウンスした直後に、左斜め前方の曲がり角に立つ大きな看板が目に飛び込んできた。

そこにはこう書かれていた。

「創成館高等学校　9年連続定員オーバー！　入学者第一志望率約90％！　選ばれ続ける学校　県内トップクラスの人気校！」

なぜか看板の上部には巨大なパラボラアンテナが取りつけられている。「ここは地球防衛軍か？」と戸惑っているうちに、左折するタイミングを逃してしまった。Uターンして元の道に戻り、再び看板をまじまじと見つめる。

出すぎた杭は打たれない――。

思わず、そんな現代版慣用句が脳裏にふっと浮かんだ。この時点ですでに、「この学校はただごとではない」という予感が漂ってきた。

駐車場に車を停め、ステンドグラスがはめ込まれた洋風の校舎の正面玄関をくぐると、また仰天した。左手にいきなり数々の優勝旗やなぜか大谷翔平(エンゼルス)のサイン色紙が鎮座し、さらにスポーツメーカー・アンダーアーマーのショップがあるのだ。ショップとしては小ぶりながら、プロテインやウェアが陳列されている。

ここ創成館高校はアンダーアーマーとパートナーシップ契約を結んでいる。体操服や運動部のユニホームのカラー、ロゴを統一したスクールブランディング、アンダーアーマー監修によるトレーニングルームリニューアルなど、目新しい改革が進んでいる。教職員が夏場に着用するポロシャツもアンダーアーマー製だそうだ。

入口に着くまでの間に、生徒や保護者に「この学校は面白い」と思わせるしかけがこれだけある。そんな創成館がかつて偏差値すら出なかった底辺校で、経営破綻寸前だったことをどれほどの高校野球ファンが知っているのだろうか。

廃校危機の切り札は「甲子園出場」

創成館が初めて甲子園に出たのは2013年春である。それから7年の間に春3回、夏2回の甲子園出場を果たし、今や常連校の仲間入りを果たした感すらある。

なによりインパクトがあったのは、2017年秋の明治神宮大会での快進撃だろう。創成館は根尾昂(現・中日)、藤原恭大(現・ロッテ)を擁して後に甲子園春夏連覇する大阪桐蔭を7対4で破る快挙を成し遂げたのだ。明治神宮大会では準優勝に輝き、翌春センバツではベスト8入りを果たしている。

創成館が甲子園に出るたびに、話題になるのはアルプススタンドで大声を張り上げ、全力で応援する校長の存在である。自らマーチング用の太鼓を叩いた時期もあった。

「私は昔から応援マニアで、小学校の休み時間にピアニカで巨人のクロマティや松本匡史の応援歌を弾いて、クラスを煽っていたんです。創成館ではもともと、応援の人数が少ない頃から『こうやって叩くんじゃ!』と太鼓を叩いていました。小学生の頃のノリの延長ですね」

そう言って眼鏡の奥の目尻を下げたのは、創成館の奥田修史校長である。32歳にして先代である父の跡を継ぎ、2003年に創成館の理事長に就任。数十億円の負債を抱え廃校寸前だった学校を再建し、現在は校長を兼務するカリスマ学校経営者である。

奥田校長は誰もが語りたがらない「高校野球の経営価値」について語ってくれた。

「私が理事長になった当時、硬式野球部は万年長崎ベスト8のレベルでした。学校再建計画を立てた際、ひとつの目玉が野球部の改革だったんです。野球部が甲子園に出ることで学校の知名度が上がって、受験生が増えるのは間違いありません。高校スポーツで公共放送のNHKが1回戦から全試合を放送するのは野球だけ。アメリカではカレッジスポーツが盛んですが、日本の場合は高校野球が文化と言っていいくらいになっています」

甲子園出場後、増える生徒は野球部員だけではない。野球とは無関係の女子生徒も甲子園をきっかけに創成館の存在を知り、そのパワーに引きずられるように受験する。周囲の創成館を見る目も変わってきて、奥田校長は「県外で名刺を渡しても、最初は学校名すらわからなかったのが、最近では『あぁ、あの創成館ね』と言っていただけるようになりました」と語る。硬式野球部の成功が、学校の再建に一役買ったわけだ。

奥田校長が野球部改革のために打った初手は、稙田龍生監督の招聘である。稙田監督は企業チーム・九州三菱自動車で監督を務めたバリバリの野球人。知人を介して食事をした際、奥田校長は稙田監督に惚れ込んだという。

「私は『○○がないからできない』と言い訳する人は、たとえお金や条件を整えてもできないと思っています。でも、ウチの稙田は『自分は与えられた環境で仕事するだけです』と言っていました。九州三菱自動車時代にはリコール問題があって、営業として火消しに追われた時期もあったそうです。社内バッシングを受けながら野球部の活動も両立させた監督ですから、その言葉には説得力がありましたね」

稙田監督は硬式野球部の監督を務めつつ、創成館の募集広報室次長を務めている。稙田監督が福岡の企業チームにいたこともあって、人脈の深い福岡を中心に選手が集まるようになった。奥田校長から稙田監督に要望を出すことは一切ないという。

「餅は餅屋ですから。私はああせい、こうせいと口を出す経営の仕方は好きじゃないんです。専門外は黙っとれと。口を出すパワーがあるなら、それを応援に注入せえということ。監督に全幅の信頼を置いて、任せています」

硬式野球部が強くなったことは周知されるようになったが、一方で「ガイジン部隊」と非難を浴びることもよくあるという。江口英治副校長は「センバツに初出場したときは学校に電話がかかってきて、『お前らは福岡から出ればよかったい！』と言われました」と振り返る。そんな声は当然、奥田校長の耳にも入っているが、まったく気にしないという。

『お前んとこ、なんで県外ばかりなの？』と言われることもありますが、余計なお世話だと言いたいです。私が一番大切だと思っているのは、子どもたちの学びの場を奪ってはいけないということ。子どもたちは自分の学びたい学校を選ぶ自由があるんです」

日本屈指の人材供給源・福岡

２０１９年度の創成館には、３学年合わせて１１９名の硬式野球部員がいた。出身地の内訳は長崎33名、福岡50名、佐賀６名、大分５名、熊本４名、宮崎1名、鹿児島1名、沖縄３名、神奈川1名、大阪９名、広島６名。地元・長崎よりも福岡出身者が多い。

稙田監督は「福岡は人材の宝庫です」と語る。近年は福岡が九州きっての人材供給源になっている。３年生で主将を務めた深見直人は、身長１７７センチ、体重１００キロの巨漢スラッガーでプロスカウトからも注目された有望選手。深見は福岡の硬式クラブ・福岡ブルースターズ出身である。深見は創成館に進学した理由をこう語る。

「先輩が入っていたこともあって、中学2年くらいから創成館に行きたいと思っていました。福岡の高校は甲子園に行くチームが毎年バラバラですし、どうしても甲子園に行きたい人は県外の甲子園に行く確率が高い学校を選ぶことが多いと思います」

ある福岡県の高校野球指導者はこう嘆息する。

「福岡のトップクラスの中学生は大阪桐蔭や浦和学院（埼玉）、広陵（広島）、明豊（大分）、神村学園（鹿児島）といった県外に持っていかれてしまいます。その次のクラスを筑陽学園や福岡大大濠、福岡工大城東などがとり合う。他にも九州国際大付、西日本短大付、九産大九産、飯塚、沖学園ら甲子園を狙える高校が分散しているので、確実に甲子園に出たい中学生が県外に出てしまうんです」

全国の高校野球を見ていて感じることは、東京、神奈川、大阪といった都市圏のチームは有望な選手が甲子園常連校に集中する。だが、福岡の高校野球を見に行くと、県内ベスト16レベルの高校でも1人はプロを意識できるほどの好素材がいて驚かされる。

創成館は諫早インターチェンジのすぐ近くということもあり、高速道路を使えば福岡市の中心部まで2時間足らずで到着する。こうした地理的な条件も重なり、福岡から選手が集まりやすくなっている。だが、稙田監督は『『この選手がほしい』と中学指導者に指名するようなことはない」と強調する。

「どうしても有望な子は他校とのとり合いになって、持っていかれてしまう。それに私は志望校を天秤にかけて悩む子よりも、『創成館でやりたい』という子を優先的にとりたいと考えています。だから今までお付き合いがあるチームのなかで、創成館志望の生徒を紹介されて入学してもらうケースがほとんどです」

唯一と言っていい例外が、1年生の鴨打瑛二だ。身長194センチの大型左腕で、佐賀の黄城ボーイズ出身。これだけ大柄にもかかわらず身のこなしにアンバランスなところがなく、稙田監督は「伸びしろ、可能性しかない」と評する。当然、他校との争奪戦に発展したが、意外なところで縁がつながった。

「私も鴨打も、誕生日が2月29日なんです。うるう年は4年に一度、オリンピックイヤーにやってくるんですが、『オリンピックイヤーに一緒に甲子園に行こうや』とウチに来てくれることになりました」

一方、長崎出身者が少ない背景には事情がある。稙田監督が就任当初は地元出身の生徒中心だったが、近年は減っている。稙田監督は「県内はとりたくてもとりにくいんです」と意外なことを打ち明けた。

「長崎なら少し離れた島原などいい選手がいる地域もあるんですが、ここ2、3年は地元の高校が部員不足で野球部存続の危機に陥っているんです。自分の実力に自信のある子は創成館に入ってきますが、こちらから積極的にとりにいくことは控えています」

少子化の波は長崎の高校野球界に手痛いダメージを与えている。部員が多い創成館にとっても、それは対岸の火事ではない。

⚾学校経営は攻撃的なのに野球は守備的？

トレーニングや栄養摂取の進化により、近年の高校野球はパワーをつけて打ち勝つ野球がトレンドになっている。そんな潮流に逆らうように、創成館が売りにするのは守備である。これだけ攻めの学校経営を展開する高校の野球部が、守りを重視するというのも不思議なアイロニーに思える。だが、稙田監督にはこんな信念がある。

「ピッチャーを含めた守り勝つ野球で日本一になりたい。この部分はいじりたくありません。守備がしっかりしていれば、安定して勝てるチームになれますから」

守備を重視する背景には「九州のチームに打ち勝つ野球はできない」という稙田監督独自の考えがある。

「いい素材がいても、いい選手はみんな九州の外に持っていかれてしまいます。なかには

打線のいいチームもありますが、関東や関西の名門に打ち勝つまでになるには、まだ時間がかかるでしょう」

稙田監督自身が現役時代に内野手だったこともあり、守備指導には自信がある。また、付き合いのある中学指導者も創成館の野球を熟知しているため、二遊間の選手を推薦してくれることが多いという。

守備重視の根幹を支えているのが、創成館ならではの複数投手制である。1人のエースに依存することなく、毎年3～5名の好投手を育成して戦うのだ。

投手を指導するのは林田大輔コーチ、松本真一コーチの2人が中心で、稙田監督も「功績は大きい」と認める。稙田監督は投手をスカウティングする際、注目しているポイントをこのように語った。

「私は試合で勝てるピッチャーが一番だと思っています。せっかくいいボールを投げていても、ここ一番で打たれるピッチャーもいますから。素材的には走っているときのバランスを見ます。首が動かない走り方の選手はいいですね」

そして創成館が他校より突出しているのが、継投の精度の高さだ。高校生年代の継投の難しさを語る監督は多い。たとえ力のある投手でも、緊迫した場面でリリーフに放り込まれると本来の力を出し切れないことが多いのだ。

創成館では練習試合から常にさまざまな継投パターンを試している。そのなかで、稙田監督が重視していることは「楽な状況で投げさせる」ということだ。

「『俺がやられても大丈夫』という状況で継投します。基本的に投げさせるのは、イニングの頭から。先頭打者を出塁させて代えることになっても、送りバントをさせて1アウト二塁から代えます。直後にフォアボールを出してもOKという状況にするんです」

この方針の裏には、選手のメンタルを重視する稙田監督の考え方がある。稙田監督は以前からアスリートのメンタル面に興味があり、向学心が高じて心理カウンセラーの資格を取得した。稙田監督は「勉強すればするほど、人を叱れなくなります」と笑う。

「人間は感情で叱ると、感情で返ってきます。小学校から中学校まで『心が弱い』と言われ続けた子は、どんどんネガティブになっていく。でも逆に自信をつけさせてやれば、どんどん上向きになっていくものです」

甲子園では、試合中に不自然に思えるほど満面の笑みでプレーする選手もいる。だが、稙田監督は「作り笑いは嫌い」と切り捨てる。

「ピンチということをまず認めること。作り笑いをしている時点で平常心じゃありませんから。私は選手に一喜一憂してほしくないんです。野球というスポーツはオンとオフが交互に続いていく。ゴルファーのように、平常心を保てるのが理想ですね」

100人以上のユニホームを4人で洗う

高橋遼平は大分・湯布院ボーイズでプレーした投手だった。1学年上の先輩が創成館に進んだこともあり、高橋は自分も創成館に進みたいと考えるようになる。

「いろんなところから選手が集まってくると聞いて、挑戦してみたいと思い決めました。試合を見て継投が多いことも知っていたので、チャンスがあるなと思いました」

松本昇賢は長崎・島原市立三会中学校の軟式野球部で捕手をしていた。松本もまた、1学年上の先輩が創成館に進学しており、「いい監督だよ」と話を聞いていた。試しに創成館の練習見学に訪れたところ、「直感でここに決めた」という。部員に県外生が多いことも聞いてはいたが、松本は「何とも思わなかった」と動じなかった。

高橋、松本は2017年4月に創成館に入学する。寮は4人部屋で、1部屋に1年生から3年生まで各学年の部員が1人はいる空間だった。高橋らと同期の深見は「優しい先輩ならいいけど、怖い先輩だとあまり部屋にいないヤツもいましたね」と笑いながら振り返る。

創成館の特殊なところは、寮での洗濯や風呂掃除などの雑務が当番制ということだ。部屋ごとに日替わりで当番が回ってきて、その仕事をこなす。とくに大変なのが洗濯当番で、なにしろ100人以上の部員のユニホームを4人で洗うのだ。はたして、そんなことが可能なのかと思っていると、高橋が解説してくれた。

「大型の洗濯機にパンパンに隙間がなくなるまで詰め込んで、洗ったらまた次を入れて……とやっていきます。だいたい1時間くらいは回しっ放しですね。乾燥機も大型のものが隣にあるので、そこで乾かします」

内山田洋とクール・ファイブが歌う『長崎は今日も雨だった』という昭和歌謡があるように、長崎といえば雨のイメージが強い。1日中雨が降り続ければ室内練習のため、ユニホームが汚れることはない。だが、「最悪なのは午前雨で午後晴れるとき」と高橋は言う。「外で練習をやるんですけど、足場はグチョグチョなので、走るとユニホームに跳ねた泥がたくさんつくんです」

捕手の松本は、「そんな日に投球練習中にワンバウンドを投げられると、もう言葉が出なくなります」としみじみと語った。

ユニホームがあまりにも汚れた場合は、風呂場で軽く汚れを落としてから洗濯当番に渡すようにする。そうしなければシミになってしまうからだ。また、大きな汚れが残ったまま洗濯機を回すと「みんなのが黄色くなっちゃいます」と松本は教えてくれた。

当番が大変とはいえ、寮でのリラックスタイムは比較的緩やかである。漫画を読む者、テレビを見る者、ストレッチをする者、家族や彼女と電話をする者。それぞれが心安らぐひとときを過ごす。高橋は「みんなで一緒に風呂に入って、おしゃべりをしているときが一番楽しかった」と語った。

談笑する際、とりわけ騒がしいのは3年生の間で「イトシマ」と呼ばれるグループだという。これは福岡県糸島市出身の部員のことで、牛嶋泰淳、吉塚駿平らを指す。高橋は「この地区はうるさすぎます」と笑い、深見は「手に負えなかった」と困った顔をする。福岡出身者に大阪出身者が加わると、誰も止められないほどうるさくなるそうだ。

ところで、大浴場に入る際に〝前〟は隠すのだろうか。下衆な興味ではあるが、男として気になり聞いてしまった。高橋は苦笑いを浮かべながらこう答えた。

「1年のときは抵抗がありました。自分、最初にタオルを持って入ろうとしたら、みんな持っていかないんで『え～』と思いながらタオルを置きました」

上級生がみな「オープン」で入浴している以上、後輩の自分が腰にタオルを巻くわけにはいかない。寮で選手とともに暮らす植田監督も当然、「オープン」である。だが、実の家族以上に密度の濃い生活を送っていくうちに、羞恥心などなくなっていく。高橋は「隠す理由がなくなります」と爽やかに笑った。

寮ではスマートフォンの使用も許可されており、ツイッターアカウントを持つ者も多い。ただし、いいことばかりではなく、松本は「ツイッターに『創成館はガイジン部隊だ』と書かれているのを見て、イラっときたことがあります」と語った。本来、見たくないものまで見えてしまうのが情報化社会なのかもしれない。松本は「何も知らない人が言っているだけだから、気にすることはない」と気持ちを切り替えた。

なお、スマートフォンは夜の23時に回収され、翌日の野球部の練習後に返却される。平日は20時頃に練習が終わるため、手元にあるのは3時間ほど。当番の仕事が忙しい日には、30～60分ほどしか使えない。

なお、創成館はＩＣＴ教育（情報通信機器を使った教育）に力を入れており、２０１９年度入学の1年生からｉＰａｄが支給されるようになった。深見は「卒業したらそのままもらえるらしいので、うらやましいです」と無念そうな表情を浮かべた。

横綱・大阪桐蔭からの大金星

２０１７年11月13日、創成館は歴史的な日を迎える。秋の九州大会を制し、神宮球場に乗り込んだ明治神宮大会。創成館はおかやま山陽（岡山）、聖光学院（福島）と強敵を退け、準決勝に進出する。相手は常勝軍団・大阪桐蔭である。

1番・センターの藤原、4番・ショートの根尾に加え、投手の柿木蓮（現・日本ハム）、横川凱（現・巨人）と後に4人が高卒でドラフト指名され、他にも中学時代に日本代表に選ばれた選手がひしめくドリームチームだった。

1年生ながら初戦のおかやま山陽戦でスタメン出場したものの、結果が出ず以降は代打に回っていた深見は、前日のミーティングで穂田監督が言った言葉を覚えていた。

「憧れだけで戦いよったらボロ負けするぞ、と。監督さんに『やれることをやろう』と言われたので、ユニホーム負けすることはなかったと思います」

穂田監督にとっても、峯圭汰（現・日本大）を主将としたチームにはたしかな手応えがあったという。

「力があるだけでなく、ここぞというところで力を出し切れるいいチームでした。ベンチを含めて勝負所をわかっていて、『ここや！』というところでベンチから声が出て、スイッチが入る。不思議なもので、ここぞという場面でスイッチを入れられると、相手が勝手にミスをしてくれるものなんです」

0対1と1点を追う3回表、1死二塁から1番・野口恭佑（現・九州産業大）が放ったセンター前への打球を藤原がファンブル。エラーで同点に追いつくと、3番・峯のタイムリーが飛び出し勝ち越し。さらにショート・根尾のエラーなども重なり、一挙4得点のビッグイニングで流れを引き寄せた。ベンチにいた深見は「チームの雰囲気もいいし、もしかして勝てるんじゃないか?」と高揚感を覚えていた。

創成館は柿木、横川、根尾と継投した大阪桐蔭投手陣から7点を奪い、自慢の投手陣が七俵陸（現・神奈川大）、川原陸（現・阪神）、伊藤大和（現・三菱重工名古屋）とつないで4失点に抑えた。7対4のスコアで創成館が優勝候補大本命を破ってしまったのだ。

その後、大阪桐蔭は翌年の甲子園で春夏連覇を成し遂げ、国体も優勝（台風の影響で準決勝以降が開催されず4校が優勝）。創成館は、そんな黄金世代に唯一の土をつけたチームになった。

創成館が大阪桐蔭に勝った意味は大きかった。稙田監督は「この結果を見て、『桐蔭に勝って日本一になりたい』と高い志を持って入学してくれる子が増えました」と語る。そんな2019年度の1年生が3年生になったとき、創成館の歴史がまた新たに塗り替えられるのかもしれない。

地方の私学が生き残るために必要なもの

2019年6月、長崎では「夏の前哨戦」と位置づけられているNHK杯高校野球大会で創成館は優勝を果たした。

秋は県大会初戦敗退、春の県大会は準々決勝敗退。前年は春夏連続甲子園に出ていただけに、そのプレッシャーは重くのしかかっていた。3年生になってエースに成長していた高橋は、「今までで一番いいコンディションだった」というNHK杯で結果を残し、自信をつけた。正捕手になった松本も「サイン通りにボールが来ていたし、エースとして周りが見えるようになった」と高橋を頼もしく思っていた。その一方で、松本は「夏までこの状態をキープできるのかな?」という一抹の不安も覚えていた。

その不安は不幸にも的中する。主将になっていた深見は、「NHK杯で優勝したことで気の緩みが出たのか、ケガ人が出てしまいました」と振り返る。その故障者の一人が高橋だった。腰をケガしたことで、夏は万全のコンディションに持っていけなかった。

夏の長崎大会は準々決勝で伏兵・鎮西学院に0対2で敗戦。深見たちの高校野球はこれで終わりを告げた。稙田監督は「優勝できる力は十分ありました。夏への入り方を私が間違えて、いい状態に持っていけなかった」と唇を噛む。

長崎出身の松本は創成館での3年間をこう振り返る。

「最初は島原弁が通じなくて、会話が盛り上がっているときに自分が話すと『何言うと

コレ回るんですか?
できるとかできねえとかじゃねー
回すんだよ
さすが日本製っスね・・

ると？』と流れが止まることもありました。でも、地元の高校では味わえなかった経験ができたと思います。友達も全国に増えたし、他県の人と高め合えたのはよかったです」

深見たちの無念は、すぐに後輩たちが晴らしてくれた。直後の秋季大会で九州大会に進出し、ベスト4に食い込み翌春センバツ出場を決めたのだ（その後、中止が決定）。

高校卒業後は、深見は愛知県の愛知工業大、高橋は岡山県の環太平洋大、松本は大分県の日本文理大へと進学する。それぞれ故郷を離れ、野球に打ち込む生活が続く。

とはいえ、彼らと長崎県の縁がなくなるわけではない。稙田監督は言う。

「長崎を出ても、また帰ってくる可能性は十分あります。現に県外から入学した生徒でも、卒業後に長崎で就職して暮らしているOBもいますから。今も休みがあれば、しょっちゅうグラウンドに顔を出してくれますよ」

奥田校長は、今も校内で野球部員を見かけると「おう、調子どうや？」と気軽に声をかける。常に「誰でもウェルカム」という校長室には、県外から入学した野球留学生が訪れることもあるという。

「中学時代は地区のエースで4番。大見得切って地元を出てきているのに、高校で鼻をポキッと折られて『毎晩不安で涙を流しているんです』と話してくれた子もいました。

退路を断って長崎に来て、精神的にたくましくなることもひとつの教育のあり方だと思います」

生徒の成長を実感した出来事として、奥田校長は2015年夏の甲子園でのエピソードを教えてくれた。

「天理（奈良）との試合が8月9日に組まれたんです。8月9日は、長崎に原爆が落とされた、県民にとって特別な日です。ある取材に県外から来たウチの選手が『僕たち長崎の高校は、この日は負けられないんです』と言ったんです。あれはすごくうれしかったなぁ」

その部員の言葉は、「自分は長崎の高校生である」という宣言に等しかった。

学校の立て直しに成功し、野球部は頻繁に甲子園に出場。メディアでも「カリスマ校長」ともてはやされる。順風満帆に見えるその裏で、奥田校長は学校経営者としてこれまで以上に強い危機感を抱いている。

「ただでさえ子どもが減っているなか、長崎では毎年300人の中学3年生が勉強やスポーツで他県の高校に流出しているんです。このまま手をこまねいていたら、地方の高校なんてすぐに苦しくなりますよ。もちろん、地元に密着した学校があってもいいし、それぞれの学校の役割があるはずです。そのなかでウチはこれからも県内、県外関係なく選ばれる学校であり続けたいと考えています」

学校再建時には甲子園に出場することが〝特効薬〟だった時期もあったが、現在は「頭打ち」という状況だという。奥田校長は「ここから1、2年でどうなるかが勝負です」と語り、地方の私学が生き残るための持論を続けた。

「地方の私学はなんでも強くないといけない。都市部の高校なら勉強だけ、スポーツだけの高校でもいいのですが、地方はそういう学校は苦戦しています。進学、部活、就職の3点セットを揃えることが、生き残るための条件だと思っています。ウチは部活と就職は芽が出てきたので、今後は進学面が課題になるでしょうね」

高校野球という日本文化は、まず高校があるという前提があって初めて成立する。そんな当たり前の前提が、今や当たり前ではなくなっている。奥田校長の言葉には、そんな近い未来への示唆が込められているように思えてならない。

終章　野次られた野球留学生のその後

襖が開く。藤田貴暉さんは「お待たせしました」と言って、掘りごたつに腰を下ろした。25歳の青年らしく引き締まった肉体をキープしており、ウェーブがかった毛先は薄茶色に染まっている。注文を済ませると、さっそく本題に入った。

「いやぁ、当時はいろいろと言われましたよ。『日本一空気の読めない高校』とか『インチキホームラン』とか」

藤田さんは8年前、盛岡大付野球部の主将を務めていた。2012年夏の岩手大会決勝戦。大谷翔平（現・エンゼルス）を擁する花巻東を5対3で破った試合後、閉会式の優勝キャプテンインタビュー中にスタンドから「よっ、横浜瀬谷ボーイズ！」と野次を浴びた。当時の盛岡大付は藤田さんをはじめ先発9人中5人が神奈川の横浜瀬谷ボーイズ出身だった。

藤田さんに当時のことを覚えているかと聞くと、「もちろんです」と言い、さらに意外なことを口にした。「その人だけじゃありません」と。

「スタンドからは他にもいろいろな声が聞こえてきましたよ。『ガイジン部隊が〜！』

やら『横浜瀬谷大付属』やら」

そして藤田さんはニヒルな笑みを浮かべて、こう続けた。

「まあ、言われるもんだと思っていたので。ハナトウ（花巻東）は愛されて、モリフは嫌われてるのはわかっていましたから。だから野次られたときも『もっと言えよ、くだらねぇ』と思ってました。僕にとっては傷ひとつつかなかった出来事ですから」

どうして藤田さんはそう受け取れたのか。それは彼の野球人生を遡る必要がある。

藤田さんは神奈川県横浜市で中学3年まで過ごした。二男二女の末っ子。団地に住んでいたため、幼稚園児の頃から小学6年まで年上の遊び仲間に揉まれた。藤田さんは「缶蹴り、ケイドロ、ドッジボールと手加減なしでボコボコにやられて、負けたくない思いが芽生えました」と振り返る。

中学時代にはこんなことがあった。幼馴染の友人が、震えながら教室にいる藤田さんを訪ねてきた。どうしたのか聞くと、友人は言った。

「隣の中学のヤツが乗り込んできて、『この中学で一番強いヤツ誰だよ？』って聞かれたんだけど、どうしよう？」

藤田さんは人に頼られれば応えずにはいられない性分だった。すぐさま4人の仲間とともに、不良グループが待つ空き地に向かった。相手は15人ほどいた。

まず2番手同士の〝初戦〟は藤田さんグループの負け。迎えた大一番、藤田さんと相手のボスとの決戦が始まった。藤田さんはボスを叩きのめしてしまう。

「相手が痛かろうがなんだろうが、そんなことは1ミリも考えていませんでした」

横浜瀬谷ボーイズでは杉山千春監督の厳しい指導を受けたが、たとえ叱責を受けても藤田さんは「殴りたければ殴れよ」と言わんばかりにケンカ腰で向かっていった。それでも、「監督の指導には愛があった」と今でも感謝を口にする。

中学3年になり、進路を考える段階で藤田さんはこんなことを考えていた。

「甲子園に行くという目標のために全力を注げる環境なら、神奈川だろうが地方だろうがどこへでも行こう」

北へ南へ学校を見に行くなか、盛岡大付は4校目の候補だった。ボロ負けした練習試合を見て、なぜか藤田さんは「ここでやりたい」と思ったという。しかも、ただ行くだけではない。「キャプテンになり、甲子園に行きたい」という思いを抱いたのだ。

推薦入試のために作文を書いた際、藤田さんは「キャプテンとして甲子園に行くためにモリフに入る。キャプテンじゃなきゃ入れない」と記している。今にして思えば

「若気の至りだった」と藤田さんは頭をかくが、それほど決意は固かった。

「神奈川から岩手に行く覚悟は誰よりも強いと思っていました。腕、足の1本くらい取れるつもりで行きましたから。それくらいつらいことがあると思っていました」

いざ入学すると、想像以上に困難の連続だった。まつ毛に雪が積もるなか、寒さに震えながらミーティングをすることもあった。理不尽な上下関係に反発し、一部の先輩と対立することもあった。冬場の練習では、長靴のなかにガムが仕込まれていたこともあった。それでも、藤田さんの「甲子園に行きたい」という思いがブレることはなかった。

2年夏が終わると、藤田さんは当然のようにキャプテンに指名された。

「はっきり言って、僕は野球が下手くそだったんです。他にもっとうまい選手はいました。僕が他の人に勝てるところは気持ちだけでしたね」

盛岡大付は毎年、関口清治監督が好きな『出口のない海』という映画を鑑賞する。回天特別攻撃隊で出撃した若者の生き様を見終わった直後、関口監督は部員に向かって「このなかで、特攻隊に入る覚悟のあるヤツはいるか?」と聞いた。誰も手を挙げないだろうという関口監督の予想に反して、唯一、藤田さんだけが真っすぐに手を挙げた。

「甲子園に行けたら死んでもいいと思っていました。腕をなくすくらいの覚悟で岩手に来ているんですから。逆に『お前らどんな覚悟でやってるんだよ』とイラつきましたね」

関口監督、松崎克哉部長のコンビにも恩義を感じるようになっていた。関口監督は声を荒らげるシーンこそ少ないが、「漢らしさ」ということにこだわった。「男」ではない。「漢」なのだと藤田さんは力説する。

「関口先生はよく言っていました。ただの『田んぼの力』の男なんじゃない。『漢』だろうと。漢なら格好の悪いことはするなと」

3年夏を迎える前、真偽不明の噂が部内を飛び交っていた。「今年も甲子園に行けなければ、関口先生はクビになるらしい」。この噂に、部員たちは立ち上がった。

「荒くれ者の馬鹿ばかりでしたけど、根が単純なので。好きな人、尊敬してる人がクビになろうとしているなら、絶対にそうはさせない。関口先生を甲子園に連れて行くんだと、その思いで一致団結できました」

言うことを聞かない血気盛んな部員も多かったが、藤田さんは徐々に自分がどう動けばチームの形が整うかが見えるようになっていった。

「形のないものが形になるんです。チームがいい状態のときは平面の円ではなく、立体の球のような形になる。そこに何か問題があるとトゲが出たり、台形に変形したりするような気がする。それを整えるのが自分の役割だと思っていました」

夏の大会開幕3日前、藤田さんの目には、球体の上半分と下半分が分離され、ねじれているように見えた。ベンチ入りを逃したメンバーの士気が落ちており、その雰囲気に一部のレギュラーも流されているように感じたのだ。

「携帯電話も漫画もない生活をずっと続けてきて、夏が終われば解放される。光が甲子園より、そっちに向いていました」

藤田さんはすぐさま関口監督に「今日は練習ではなく、ミーティングをさせてください」と申し出る。大会3日前ゆえ首脳陣には心配されたが、藤田さんはこのまま大会を迎えることが我慢できなかった。

「これで甲子園行けんのかよ。それぞれ思ってることをぶっちゃけてくれ」

藤田さんの言葉に、レギュラーもメンバー外も関係なく、部員たちはそれぞれに抱えていた不満を吐き出した。「レギュラーもメンバー外も全力で走ってくれよ」「レギュラーなら全力で走ってくれよ」「最後まで気持ちを切らさずやってくれよ」。部員たちは次第に感極まり、涙を流し始めた。

藤田さんはその光景を見て、完全なる球体ができ上がったと感じていた。

「レギュラーも控えもメンバー外も、チームとして同じ方向を向いてひとつになった。

これで甲子園に行ける。間違いなく、俺たちが全国1位のチームだ、と思いました」

こうした過程を経て迎えた、花巻東との決勝戦だった。藤田さんは直前にぎっくり腰になりながらも、整骨院で応急処置を受けて強行出場する。「今」がすべてだった。「大谷だろうが誰だろうが関係ない」と気持ちは揺らがなかった。そして、中学時代は人の痛みに思いを馳せることすらなかったヤンチャ坊主が、わずか3年の間に「相手の気持ちを知ることをやっと学べた」と言えるほどの青年に成長していた。

主砲の二橋大地がレフトポール際に放った大飛球が「ホームラン」と判定され、場内は騒然とした。いまだに「あれはファウルだった」という声も根強いが、盛岡大付の選手たちにとっては関係なかった。

「高校野球で判定が覆ることはないですから、もう僕らは『オーケー、オーケー、入ってるから！』とお祭りムードでしたね」

優勝が決まった瞬間、レフトのポジションからマウンドに広がる歓喜の輪を目指す藤田さんは、不思議な錯覚を覚えた。

「『俺、空を飛べるんじゃないか？』という浮遊感がありました。本当に優勝したんだ。このためにやってきたんだなと。体の細胞一つひとつが光になるような。人生であれを超える瞬間はないかもしれません」

すべての苦労はこの一瞬で報われた。だからスタンドからの「ガイジン部隊」という雑音は、盛岡大付の選手たちにとって些末なことでしかなかった。

「高野連の会長に『大谷が見たかった』と言われようが、高校野球ファンから『日本一空気の読めない高校』と言われようが、みんな笑ってましたよ。『俺たちはそういう運命なんだな』と、誰も真に受けることもないし傷つくこともなかった。だって、僕らがやってきたことは神奈川だろうと岩手だろうと、どこでも変わらないですから。一番努力して、一番チームのことを考えたのは俺たちだ、という自信がありますから」

藤田さんはその後、高校で野球をやめた。しばらくは燃え尽き、抜け殻のように過ごしたという。高校卒業後はトレーナーを目指して専門学校に通ったが、「自分が本当にやりたい仕事ではなかった」と路線を変更。職業を転々とした。現在は電気工事士として働く一方、新たな夢を見つけた。

「キックボクシングのプロを目指しています。いろんなトレーナーの方から『ちゃんとやったらいいところまでいけるよ』と言ってもらえていたんですけど、僕も25歳になって、いよいよ時間がないと火がつきました」

アマチュア大会で準優勝したこともあり、プロに手が届くところまでたどり着きつつある。朝5時に起きて現場で働き、仕事が終わった後は23時までトレーニング。一方で電気工事士の人材を取りまとめる会社を起業しようと、経理の勉強も始めた。疲労がたまり「なんでこんなことをやってるんだろう?」と気持ちが乗らない日もある。それでも、藤田さんは自分を奮い立たせて仕事とキックボクシングに向き合う。

なぜ、そこまでして頑張れるのでしょうか。そう尋ねると、藤田さんはしばらく「う～ん」と考え込んだ末、こう答えた。

「究極の格好つけなんでしょうね。格好よくなりたい。器の大きな『漢』になりたい。その思いに高校時代からずっと変わらないような気がします」

藤田さんはOBとなった今も、盛岡で学んだことを忘れていない。それどころか、盛岡大付のエッセンスを我が身に刻み込んでいる。藤田さんは笑ってこう続けた。

「キックボクシングで有名になって、会社の社長になって、関口先生に『少なくて申し訳ありません』と言いながら500万くらいポンと置いていく。それくらいの人間になりたいですね。僕の価値観は、間違いなく高校時代に作られたものですから」

あの日、満天下で野次を受けた野球留学生は、今もたくましく人生を生きていた。

おわりに

野球留学生が多く在籍する高校の関係者が、示し合わせたかのように口にした話がある。本書内で使わせていただいたのは数件だけだが、「ラグビー日本代表を見てください」と多くの関係者が熱弁した。6カ国15人の海外出身選手が「日本代表」として戦う姿は日本国民に熱狂と共感を呼び、チームスローガンの「ONE　TEAM」は2019年の流行語大賞に選ばれた。日頃、批判されることも珍しくない野球留学生にとっても、ラグビー日本代表の活躍は背中を押される出来事だっただろう(なかには情報から遮断され、ラグビー日本代表の躍進を知らない部員もいたかもしれないが……)。

野球留学生を巡る潮流は確実に変わりつつある。私は野球留学生への中傷は、日本の閉鎖性、差別意識の表れだと感じていた。だが、「しまね留学」に代表されるように、公立高校でも広く留学生を呼び込む時代になった今、批判の声はトーンダウンしつつある。高校生を出身都道府県で分けることに、大きな意味などないのだ。

もちろん、郷土色は日本固有の文化で、一度失うと元には戻しづらい。また、地元出身者を中心に構成される高校が応援されるのも当然だろう。地域性を大事にしつつ、今後は流入者とも共存していく。それは少子高齢化が進む日本にとって、大きなテーマになるはずだ。

野球留学生は、3年間過ごした地域の、立派な関係人口になっていく。関係人口が増えるということは、全国でその地域のよさを広めるスポークスマンが増えることを意味する。そんな重要な役割を果たしうる野球留学生に「ガイジン部隊」などと野次を飛ばしていていいのだろうか。もっと交流を深め、土地のよさを教えたほうが建設的な関係になるのではないか。当然、その地域に根付く人物だって現れるはずだ。

野球留学生と彼らを支える人々は、さまざまな逆風と戦いながら日々を過ごしている。最初は縁もゆかりもない、甲子園に行きたい思いだけで来た町だったかもしれない。だが、退路を断って3年間を戦友と過ごした町が、特別な土地にならないはずがない。彼らにとってその町は「第二の故郷」として、いつまでも息づいていく。

すべての取材を終えた今、私は声を大にして伝えたい。野球留学生を嫌う地域住民は、もっと誇りに思うべきだ。全国から選ばれる学校が、自分たちが住む町にあるのだから。

2020年2月29日　菊地高弘

■商品に関する問い合わせ先

インプレスブックスのお問い合わせフォームより入力してください。
➡https://book.impress.co.jp/info/

左記フォームがご利用頂けない場合のメールでの問い合わせ先
➡info@impress.co.jp

●本書の内容に関するご質問は、お問い合わせフォーム、メールまたは封書にて書名・ISBN・お名前・電話番号と該当するページや具体的な質問内容、お使いの動作環境などを明記のうえ、お問い合わせください。
●電話やFAX等でのご質問には対応しておりません。なお、本書の範囲を超える質問に関しましてはお答えできませんのでご了承ください。
●インプレスブックス (https://book.impress.co.jp/)では、本書を含めインプレスの出版物に関するサポート情報などを提供しておりますのでそちらもご覧ください。

■落丁・乱丁本などの問い合わせ先

TEL.03-6837-5016　FAX.03-6837-5023　service@impress.co.jp
(受付時間／ 10:00-12:00、13:00-17:30 土日、祝祭日を除く)
●古書店で購入されたものについてはお取り替えできません。

■書店／販売店の窓口

株式会社インプレス 受注センター　TEL.048-449-8040　FAX.048-449-8041
株式会社インプレス 出版営業部　TEL.03-6837-4635

オレたちは「ガイジン部隊」なんかじゃない！〜野球留学生ものがたり〜

2020年4月1日　初版第1刷発行

著者　菊地高弘
発行人　小川亨
編集人　高橋隆志
発行所　株式会社インプレス
〒101-0051
東京都千代田区
神田神保町一丁目105番地
ホームページ
https://book.impress.co.jp/

ブックデザイン　アベキヒロカズ (ABEKINO DESIGN)
イラスト　クロマツテツロウ
協力　皆川達郎
校閲　株式会社鷗来堂
デスク　本田拓也
編集長　山内悠之

印刷所：株式会社廣済堂　ISBN 978-4-295-00856-9　C0075　Printed in Japan